KLASSIKER

DR. OETKER

VERLAG

SEIT 1891

SCHOKOLADE

40 himmlische Rezepte

Meine Lieblingsrezepte

DIE DR. OETKER GELING-GARANTIE

GELING GARANTIE

UNSER VERSPRECHEN

Liebe Leser*innen,

mit den Rezepten in unseren Koch- und Backbüchern möchten wir Sie und Ihre Lieben glücklich machen. Zum Glück braucht es den Erfolg, und den kaufen Sie mit jedem Dr. Oetker Buch gleich mit.

Dafür gibt es die Dr. Oetker Geling-Garantie. Sie ist unser Versprechen, dass alle Rezepte aus diesem Buch ganz einfach und sicher gelingen. Die Geling-Garantie startet schon bei der Zutatenliste: Alle Zutaten, die wir verwenden, sollten Sie leicht in Ihrem Supermarkt vor Ort einkaufen können. Jeder Zubereitungsschritt ist klar und einfach nachvollziehbar.

Eine Garantie können wir Ihnen aber auch deshalb mit gutem Gewissen geben, weil alle Rezepte dieses Buches von unserem erfahrenen Team entwickelt wurden. Anschließend haben wir jedes Gericht in einer ganz normalen Küche nachgekocht oder nachgebacken. Immer wieder. So lange, bis wir uns sicher waren, dass es gelingt. Und zwar auch bei Ihnen zu Hause.

Was wir versprechen, halten wir auch. Sollte beim Kochen oder Backen eines unserer Rezepte dennoch etwas danebengehen oder Ihnen einfach nicht schmecken, dann lassen Sie es uns wissen. Schreiben Sie oder rufen Sie uns an! Wir werden das Rezept nochmals kritisch prüfen und Ihnen helfen herauszufinden, woran es gelegen haben könnte. Sie erreichen uns unter der Telefonnummer +49(0)89/5482515-0. Oder schreiben Sie uns eine E-Mail unter: redaktion-oetker@zsverlag.de

Natürlich freuen wir uns aber auch über weitere Rückmeldungen und über Lob. Ihre Ideen, Kommentare und Fragen können Sie jederzeit auch über Facebook posten: www.facebook.com/Dr.OetkerVerlag. Wir sind für Sie da. Garantiert.

Mit herzlichen Grüßen
Ihre Dr. Oetker Redaktion

ALLGEMEINE HINWEISE ZU DEN REZEPTEN

UNSER TIPP

Lesen Sie bitte vor der Zubereitung – besser noch vor dem Einkauf – das Rezept einmal vollständig durch. Oft werden Arbeitsabläufe oder -zusammenhänge dann klarer.

ARBEITSSCHRITTE

Die Zutaten sind in der Reihenfolge ihrer Verarbeitung aufgeführt. Die Arbeitsschritte sind einzeln hervorgehoben, in der Reihenfolge, in der sie von uns ausprobiert wurden.

ZUBEREITUNGSZEITEN

Die angegebene Zubereitungszeit schließt die Dauer der Vorbereitung und die eigentliche Zubereitung mit ein. Sie ist ein Anhaltswert und kann je nach individuellem Geschick oder Übung natürlich ein wenig variieren. Längere Wartezeiten wie zum Beispiel Kühl- oder Abkühlzeiten oder auch Auftauzeit sind in der Regel nicht in der Zubereitungszeit enthalten. Einzige Ausnahme: In dieser Zeit sind parallel andere Arbeitsschritte zu tun. Die Garzeiten sind extra ausgewiesen. Bei einigen Rezepten setzt sich die Gesamt-Garzeit aus mehreren Teil-Garzeiten zusammen.

ZUBEREITUNGSZEIT UND GARZEIT

Die in den Rezepten angegebenen Backofentemperaturen und Garzeiten sind Richtwerte, die je nach individueller Hitzeleistung Ihres Backofens über- oder unterschritten werden können. Prüfen Sie nach Beendigung der angegebenen Garzeit, ob das Gericht/Gebäck gar ist. Die Temperaturangaben in diesem Buch beziehen sich auf Elektrobacköfen. Die Temperatur-Einstellungsmöglichkeiten für Gasbacköfen variieren je nach Hersteller, sodass wir keine allgemeingültigen Angaben machen können. Bitte beachten Sie deshalb bei der Einstellung des Backofens die Gebrauchsanleitung des Herstellers. Ein Backofenthermometer eignet sich dabei gut, um die Backofentemperatur im Blick zu haben.

EINSCHUBHÖHE

In den Rezepten in diesem Buch ist die Einschubhöhe immer dann die Mitte des Backofens, wenn nichts anderes angegeben ist.

HINWEISE ZU DEN NÄHRWERTEN

Bei den Nährwertangaben in den Rezepten handelt es sich um auf- bzw. abgerundete ganze Werte. Aufgrund von ständigen Rohstoffschwankungen und/oder Rezepturveränderungen bei Lebensmitteln kann es zu Abweichungen kommen. Die Nährwertangaben dienen daher lediglich Ihrer Orientierung und eignen sich nur bedingt für die Berechnung eines Diätplans.

VEGAN

Von einigen Rezepten gibt es eine klassische Variante (mit Milchprodukten und/oder Ei) und eine vegane Variante.

ABKÜRZUNGEN UND SYMBOLE

EL	Esslöffel
TL	Teelöffel
Msp.	Messerspitze
Pck.	Packung/Päckchen
g	Gramm
kg	Kilogramm
ml	Milliliter
l	Liter
evtl.	eventuell
geh.	gehäuft
gem.	gemahlen
ger.	gerieben
gestr.	gestrichen
TK	Tiefkühlprodukt
°C	Grad Celsius
ø	Durchmesser

KALORIEN-/NÄHRWERTANGABEN

E	Eiweiß
F	Fett
Kh	Kohlenhydrate
kcal	Kilokalorien

RATGEBER

Die Welt der Schokolade ist groß und vielfältig. In Supermärkten und Fachgeschäften wird uns ein nahezu unerschöpfliches Sortiment an unterschiedlichen Geschmacksrichtungen, mit z. T. feinen Nuancen angeboten.
Schokolade ist ein Lebensmittel, das aus Kakaoerzeugnissen und Zuckerarten, bei Milchschokolade auch Milcherzeugnissen besteht. Schokolade wird in reiner Form genossen und als Halbfertigprodukt weiterverarbeitet. Die spanischen Eroberer brachten das Getränk und die Bezeichnung aus Mexiko mit. Dabei handelte es sich um eine Mischung aus Wasser, Kakao, Vanille und Cayennepfeffer.

TAFELSCHOKOLADE

Sie ist zum direkten Verzehr gedacht, eignet sich aber auch hervorragend für die Zubereitung von Kuchen, Cremes und Desserts. Es gibt die Sorten Zartbitter-, Vollmilch- und weiße Schokolade in zahlreichen Abwandlungen und mit den unterschiedlichsten Füllungen. Enthält eine Zartbitter-Schokolade mehr als 50 % Kakaomasse, so wird sie oft als Edelbitter-Schokolade angeboten. Diese Schokoladen sind mit 60 %, 70 %, 85 % und mehr Kakaomasse erhältlich. Je höher der Anteil der Kakaomasse, desto geringer ist der Zuckeranteil und damit die Süße. Weiße Schokolade besteht aus Kakaobutter, Zucker und Milchpulver. Vollmilch-Schokolade enthält zusätzlich noch Kakaomasse. Zartbitter-Schokolade hat einen noch höheren Anteil an Kakaomasse, enthält aber kein Milchpulver.

KUVERTÜRE

Da gibt es zunächst einmal die typischen Kuvertüren, die sich besonders gut zum Garnieren und Überziehen eignen. Sie haben einen höheren Fettgehalt (Kakaobutter) als Tafelschokoladen und sind damit auch nicht ganz so süß. Im Handel sind die Sorten Zartbitter-, Vollmilch- und weiße Kuvertüre erhältlich.

BLOCKSCHOKOLADE

Sie ist zum Backen und Kochen geeignet und enthält mehr Kakaomasse und weniger Zucker und Kakaobutter als Tafelschokolade.

VEGANE SCHOKOLADE

Im Prinzip besteht eine herkömmliche Schokolade aus Kakaobohnen, Zucker und Vollmilch. Die Mengen variieren, was die Qualität und den Geschmack der Schokolade beeinflusst. Eine Schokolade, die Vollmilch (oder Molkepulver, Süßmolkepulver) enthält, ist nicht vegan und somit für eine pflanzliche Ernährung nicht geeignet. Auch wenn auf der Zutatenliste „Butterreinfett“ steht, ist die Schokolade nicht vegan. Vegane Schokolade enthält nur pflanzliche Zutaten und statt der tierischen Kuhmilch pflanzliche Milchalternativen aus Reis, Mandeln, Hafer, Kokos oder Soja und Lecithine aus Soja- und Sonnenblumen.

Auch Bitterschokolade – das ist Schokolade mit einem Kakaogehalt von mindestens 60 % – enthält in der Regel keine Milch und ist vegan.

Das Angebot an veganen Schokoladen ist gut. Vor wenigen Jahren sah das anders aus. Es gab ein paar Sorten Bitterschokolade und sehr wenige vegane Sorten im Bioladen oder im Reformhaus, die entsprechend teuer waren. Viele Hersteller bieten heute vegane Schokoladen an. Bei den Inhaltsstoffen wird zum z.T. Industriezucker durch Rohrohrzucker oder Kokosblütenzucker ersetzt. Man sollte auf jeden Fall die Zutatenliste beachten. Das vegane Schokoladensortiment reicht von Reismilchschokolade über Nuss-Nougat und weiße Schokolade bis hinzu Sorten mit den verschiedensten Zusätzen z.B. Kakaobohnen, Nüssen, Erdmandeln, Vanilleextrakt, Karamellsirup, getrockneten Früchten, Kokosmehl, Mandelgrieß, Salz oder Matcha-Tee. Vegane Schokolade gibt es in Supermärkten, in Drogerien, Reformhäusern und Biomärkten.

AUFBEWAHRUNG

Schokolade muss kühl (15–18 °C) und trocken aufbewahrt werden, um keine Qualitätsverluste zu erleiden. Dies gilt auch für Schokoladenkuchen mit Überzug. Kuchen mit Überzug deshalb nie längere Zeit in den Kühlschrank stellen. Durch die hohe Luftfeuchtigkeit lösen sich Zuckerkristalle in der Kuvertüre/Schokolade und hinterlassen an der Oberfläche anschließend einen unschönen Zuckerreif.

TEMPERIEREN VON KUVERTÜRE UND SCHOKOLADE

Wird Kuvertüre oder Schokolade zum Überziehen oder Garnieren verwendet, so muss sie beim Auflösen temperiert werden. Das heißt, dass die Kuvertüre/Schokolade erst vollständig aufgelöst wird, dann heruntergekühlt und zuletzt nochmals leicht erwärmt wird. Durch diese Arbeitsweise erreicht man eine matt glänzende Oberfläche, eine homogene Farbe, einen zarten Schmelz und einen guten Bruch der Schokolade. Wird die Kuvertüre oder Schokolade nicht oder falsch temperiert, so kann es zu einer graustreifigen oder graufleckigen Oberfläche kommen, da die Bestandteile der Kuvertüre/Schokolade sich getrennt haben. Außerdem bekommt die Kuvertüre/Schokolade eine brüchige Struktur und schmilzt schnell bei Berührung. Ein Lebensmittelthermometer hilft beim Temperieren – mit etwas Übung gelingt es auch ohne Thermometer.

Je nach Sorte und Kakaobutteranteil wird die zerkleinerte Kuvertüre/Schokolade im warmen Wasserbad auf 40–45 °C (weiße und Vollmilch) oder 45–50 °C (Zartbitter) erwärmt. Dabei sollte sie gelegentlich umgerührt werden. Sie darf nicht mit Wasser oder Wasserdampf in Berührung kommen, da sie sonst fest wird. Die Kuvertüre/Schokolade sollte nie über 50 °C erwärmt werden. Nun wird die Kuvertüre/Schokolade schnell auf 26–28 °C heruntergekühlt. Dies kann durch Zugabe und leichtes Unterrühren von fein gehackter Kuvertüre/Schokolade (etwa ein Viertel der gelösten Kuvertüre/Schokolade) geschehen. Die zweite Möglichkeit des Herunterkühlens ist das Tablieren. Dazu werden zwei Drittel der aufgelösten Kuvertüre/Schokolade auf einer Marmorplatte oder kühlen Arbeitsplatte ausgestrichen und mit Teigkarten bewegt, bis sie dickflüssig wird. Dann wird sie wieder mit der restlichen Kuvertüre/Schokolade vermengt. Dabei sollte man das Unterrühren von Luft vermeiden und auf eine normale Zimmertemperatur achten. Die heruntergekühlte Kuvertüre/Schokolade wird nun nochmals leicht auf 30–33 °C erwärmt und kann dann sofort verwendet werden.

Probe

Am besten macht man zunächst eine Temperaturprobe. Dazu die Ecke einer Teigkarte oder eines Kunststofflöffels dünn mit etwas Kuvertüre/Schokolade benetzen und fest werden lassen. So sieht man schnell das Ergebnis. Die Probe soll bei Zimmertemperatur in wenigen Minuten anziehen (leicht fest werden) und eine homogene, matt glänzende Fläche bilden. Wenn Ihnen der Glanz des Überzugs besonders wichtig ist, so sollten Sie, statt wie in einigen Rezepten angegeben, nicht Speiseöl, sondern Kakaobutter (Apotheke) verwenden. Kakaobutter bereits beim Auflösen der Schokolade hinzufügen – sie muss mit temperiert werden.

SCHOKOLADENLOCKEN

Dazu temperierte Schokolade auf einer Marmorplatte oder einer Tortenscheibe ausstreichen und bei Zimmertemperatur anziehen lassen. Die fast vollständig feste Schokolade dann mit einem Spachtel oder einem breiten Messer zu Locken zusammenschieben und vorsichtig mit Hilfe von zwei Gabeln auf die Torte legen (in den Händen schmilzt die Schokolade schnell). Kleine Löckchen können Sie herstellen, indem Sie mit einem Sparschäler direkt von der Bruchstelle der Tafel (Zimmertemperatur) Löckchen abschälen.

MOUSSE AU CHOCOLAT

Zubereitungszeit: 30 Minuten, ohne Kühlzeit
Kühlzeit: mind. 2 Stunden
Mit Alkohol

ZUTATEN FÜR 4 PORTIONEN

- 100 g Zartbitter-Kuvertüre (etwa 50 % Kakaoanteil)
- 50 g Vollmilch-Kuvertüre
- 3 Eigelb (Größe M)
- 1 EL Zucker
- 1 EL Cognac oder Rum
- 3 Eiweiß (Größe M)
- 100 g Schlagsahne (mind. 30 % Fett)

Pro Portion:
E: 8 g, F: 25 g, Kh: 23 g, kcal: 365

1. Beide Sorten Kuvertüre grob hacken, zusammen in einem Topf im Wasserbad bei schwacher Hitze unter Rühren schmelzen und etwas abkühlen lassen.

2. Eigelb mit Zucker und Cognac oder Rum in einer Rührschüssel mit einem Mixer (Rührstäbe) zu einer dicklichen Masse aufschlagen. Die noch warme Kuvertüre mit einem Schneebesen nach und nach unterrühren.

3. Eiweiß so steif schlagen, dass ein Messerschnitt sichtbar bleibt. Sahne steif schlagen und mit dem Eischnee unter die Kuvertüremasse heben. Die Creme in eine große, flache Schüssel füllen und mit Frischhaltefolie zugedeckt mindestens 2 Stunden in den Kühlschrank stellen.

4. Vor dem Servieren von der Mousse mit einem Eisportionierer Kugeln oder mit zwei Esslöffeln Nocken formen und auf Tellern verteilen. Evtl. Eisportionierer oder Esslöffel zuvor in kaltes Wasser tauchen.

Hinweis:
Nur ganz frische Eier verwenden (Legedatum beachten, mind. 23 Tage Resthaltbarkeit). Die fertige Mousse im Kühlschrank aufbewahren und innerhalb eines Tages verzehren.

TIPPS:

Die Mousse au chocolat mit Puderzucker oder Kakaopulver bestäuben und nach Belieben mit einer weißen Schokoladensauce servieren. Dafür 100 g weiße Schokolade in Stücke brechen, mit 100 g Schlagsahne in einem kleinen Topf bei schwacher Hitze unter Rühren zu einer geschmeidigen Masse verrühren und abkühlen lassen. Die Sauce zu der Mousse servieren. Nach Belieben mit Raspelschokolade garnieren.

Variante 1: **Mousse mit Amarettini.** Zusätzlich 40 g Amarettini (ital. Mandelmakronen) grob zerkleinern und unter die Mousse heben. Die Mousse mit steif geschlagener Schlagsahne und Amarettini garnieren.

Variante 2: **Mousse à la vanille.** Anstelle der Zartbitter- und Vollmilch-Kuvertüre 150 g weiße Kuvertüre verwenden und zusätzlich 1 Päckchen Bourbon-Vanille-Zucker unterrühren.

Lieblingsrezept Nr.

1

HERRENCREME

Zubereitungszeit: 45 Minuten, Abkühlzeit
Kühlzeit: etwa 2 Stunden
Mit Alkohol

ZUTATEN FÜR 12 PORTIONEN

Für den Pudding:

- 1 1/2 l Milch (3,5 % Fett)
- 3 Pck. Pudding-Pulver Sahne-Geschmack
- 6 schwach geh. EL Zucker
- 125 ml brauner Rum
- 140 g Zartbitter-Raspelschokolade (etwa 50 % Kakaoanteil)

Für die Creme:

- 750 g Schlagsahne (mind. 30 % Fett)
- 3 Pck. Sahnesteif
- 3 Pck. Vanillin-Zucker

Zum Bestreuen:

- 70 g Zartbitter-Raspelschokolade

Pro Portion:

E: 7 g, F: 29 g, Kh: 36 g, kcal: 456

1. Für den Pudding aus Milch, Pudding-Pulver und Zucker einen Pudding nach Packungsanleitung zubereiten. Pudding in eine hitzebeständige Schüssel geben. Frischhaltefolie direkt auf die Puddingoberfläche legen und den Pudding erkalten lassen.

2. Unter den erkalteten, aber noch nicht fest gewordenen Pudding den Rum und die Raspelschokolade rühren.

3. Für die Creme die Sahne mit einem Mixer (Rührstäbe) fast steif schlagen. Sahnesteif mit Vanillin-Zucker mischen, einstreuen und die Sahne steif schlagen.

4. Etwa drei Viertel der Sahne unter den Pudding heben, die restliche Sahne in einen Spritzbeutel mit Loch- oder Sterntülle (ø 8–10 mm) füllen.

5. Die Herrencreme mit der restlichen Sahne aus dem Spritzbeutel verzieren und die Raspelschokolade daraufstreuen. Die Herrencreme bis zum Servieren zugedeckt etwa 2 Stunden in den Kühlschrank stellen.

TIPP:

Dieses Dessert enthält traditionell Rum. Möchten Sie das Dessert auch für Kinder zubereiten, lassen Sie den Rum einfach weg. Bestäuben Sie die Herrencreme zusätzlich mit etwas Kakaopulver.

Lieblingsrezept Nr.

2

BIRNE HELENE

Zubereitungszeit: 15 Minuten

ZUTATEN FÜR 6 PORTIONEN

- 50 g gestiftelte Mandeln
- 100 g Zartbitter-Schokolade (etwa 50 % Kakaoanteil)
- 100 g Schlagsahne
- 40 g Butter
- 500 ml Vanille-Eiscreme (Fertigprodukt)
- 12 abgetropfte Birnenhälften (aus dem Glas)

Pro Portion:
E: 8 g, F: 32 g, Kh: 40 g, kcal: 488

1. Mandeln in einer Pfanne ohne Fett unter Rühren rösten, herausnehmen und auf einem Teller erkalten lassen.

2. Schokolade grob reiben, mit der Sahne in einem Topf verrühren und die Schokolade bei schwacher Hitze schmelzen lassen. Butter in Flöckchen hinzugeben und unterrühren.

3. Eiscreme mit einem Eisportionierer in Kugeln abstechen und in sechs flache Schalen geben. Birnenhälften daraufgeben. Mit der heißen Schokoladensahne übergießen und mit Mandeln bestreuen. Sofort servieren.

Quarkspeise „Birne Helene“
Für 4 Portionen 240 g Birnenhälften (aus der Dose) in einem Sieb abtropfen lassen, dabei den Saft auffangen. 250 g Speisequark (20 % Fett i. Tr.), 150 g Joghurt, 40 g Zucker und 125 ml Milch, 125 g Schlagsahne oder 125 ml Birnensaft (aus der Dose) gut verrühren. Die Quarkspeise auf 4 Teller verteilen und die Birnen in die Mitte daraufgeben. Mit 4 Esslöffeln Schokoladensauce (Fertigprodukt) beträufeln.

TIPP:

Wer keine gekaufte Schokoladensauce verwenden möchte, kann auch selbst eine zubereiten. Dazu 100 g Zartbitter-Schokolade grob zerkleinern und mit 125 g Schlagsahne unter Rühren erhitzen, bis die Schokolade aufgelöst ist. Die Schokoladensauce etwas abkühlen lassen und anschließend über die Birnenhälften träufeln.

Lieblingsrezept Nr.
3

SCHOKO-FONDUE

Zubereitungszeit: 20 Minuten, ohne Abkühlzeit
Haltbarkeit: 1–2 Monate

ZUTATEN FÜR 2 GLÄSER JE 290 ML INHALT

Für die Schokolade:

250 g Zartbitter-Kuvertüre (etwa 50 % Kakaoanteil)
250 g Vollmilch-Kuvertüre
1/2 TL gem. Zimt
1 Msp. gem. Gewürznelken
1 Msp. gem. Piment (Nelkenpfeffer)
6 Tropfen Orangenöl

Zusätzlich:

2 hitzebeständige, verschließbare Gläser

Pro Glas:

E: 18 g, F: 86 g, Kh: 125 g, kcal: 1365

1. Für die Schokolade beide Kuvertüresorten in kleine Stücke hacken. Zwei Drittel beider Kuvertüresorten zusammen in einem Topf im Wasserbad bei schwacher Hitze unter Rühren schmelzen. Den Topf aus dem Wasserbad nehmen und die restliche Kuvertüre darin unter Rühren schmelzen.

2. Anschließend Zimt, Nelken, Piment und Orangenöl unterrühren. Die Kuvertüremasse zu gleichen Teilen in den beiden vorbereiteten Gläsern verteilen und erkalten lassen. Anschließend die Gläser verschließen und hübsch verpacken.

3. Die Zubereitung für das Fondue auf Kärtchen schreiben: „Das Glas mit der Schokolade offen auf ein Stövchen stellen und die Schokolade langsam schmelzen lassen, dabei ab und zu umrühren. Mithilfe von Fingerfood-Spießen klein geschnittenes Obst oder Marshmallows in die flüssige Schokolade tauchen, kurz abtropfen lassen und dann: Genießen!“

TIPPS:

Zum Eintauchen in die flüssige Schokolade eignet sich alles, was das Herz begehrt. Lecker sind beispielsweise Bananen-, Apfel- oder Birnenstückchen, Weintrauben oder Mandarinen. Auch Physalis (Kapstachelbeeren) schmecken wunderbar. Einfach die einzelnen Blattsegmente nach hinten klappen, als Stiel benutzen und die Kapstachelbeere in die Schokolade tauchen.

Damit der Beschenkte das Schoko-Fondue gleich zubereiten kann, verschenken Sie die selbst gemachte Schokoladenmasse am besten zusammen mit einem passenden kleinen Stövchen, einigen hübschen Fingerfood-Spießen sowie Leckereien zum Tauchen. Dafür eignen sich Mini-Marshmallows, Weihnachtskekse oder Stücke von Gebäck ohne Creme.

Lieblingsrezept Nr.

4

KLEINE SCHOKO-LADENPUDDINGE

Zubereitungszeit: 75 Minuten, ohne Abkühlzeit
Garzeit: 20–25 Minuten
Mit Alkohol

ZUTATEN FÜR 8 STÜCK

Für den Pudding:

- 100 g Zartbitter-Schokolade (etwa 50 % Kakaoanteil)
- 5 Eier (Größe M)
- 120 g Puderzucker
- 100 g Butter (zimmerwarm)
- 4 cl Rum
- 120 g abgezogene, gem. Mandeln
- 30 g Weizenmehl
- 1/2 TL gem. Zimt
- 30 g Semmelbrösel

Für die Förmchen:

- 1 TL Butter
- 2 TL Zucker

oder

für die Silikon-Gugelhupfform:

- Trennfett zum Sprühen

Pro Stück:

E: 10 g, F: 28 g, Kh: 28 g, kcal: 412

1. Schokolade in Stücke hacken, in einem kleinen Topf im Wasserbad bei schwacher Hitze unter Rühren schmelzen. Schokoladenmasse etwas abkühlen lassen.

2. Kleine Auflaufförmchen mit Butter einstreichen und mit Zucker ausstreuen oder Silikon-Gugelhupfform mit Trennspray einsprühen.

3. Den Backofen vorheizen.
Ober-/Unterhitze: etwa 180 °C
Heißluft: etwa 160 °C

4. Eier trennen. Eiweiß mit etwa der Hälfte des Puderzuckers steif schlagen. Dabei den Zucker beim Aufschlagen langsam in die Eischneemasse einrieseln lassen. Eischnee kurz beiseitestellen.

5. Die Butter mit dem restlichen Puderzucker in einer Rührschüssel mit dem Mixer (Rührstäbe) auf höchster Stufe schaumig schlagen. Eigelb einzeln unterrühren und weitere 3–4 Minuten schlagen.

6. Geschmolzene Schokolade unter ständigem Rühren auf niedrigster Stufe hinzugießen. Rum hinzugeben. Die Masse gut verrühren.

7. Mandeln, Mehl, Zimt und Semmelbrösel mit einem Teigschaber gut unter die Eier-Schoko-Masse heben.

8. Beiseitegestellten Eischnee nach und nach unter die Masse heben, in die vorbereiteten Förmchen oder Silikon-Gugelhupfform füllen und in die Fettpfanne des Backofens stellen. So viel heißes Wasser hineingießen, bis die Förmchen oder Silikon-Gugelhupfform etwa bis zur Hälfte im Wasser stehen. Den Pudding 20–25 Minuten garen.

9. Die Förmchen oder die Gugelhupfform aus dem Backofen nehmen und auf einen Rost stellen. Schokoladenpudding etwa 10 Minuten abkühlen lassen. Dann aus den Förmchen stürzen oder aus der Gugelhupfform lösen.

TIPPS:

200 g Schlagsahne (mind. 30 % Fett) mit Vanillin-Zucker und Sahnesteif cremig schlagen. Puddinge warm oder kalt servieren. Mit Sahne und Kaffeelikör servieren und mit Kakaopulver bestäuben.

Mit Roter Grütze oder einer Grütze nach Saison und Vanilleeis servieren.

Das Rezept funktioniert statt mit Rum auch mit 4 cl Orangensaft.

Lieblingsrezept Nr.

5

SCHOKOLADEN-TIRAMISU

Zubereitungszeit: 25 Minuten, ohne Durchziehzeit

ZUTATEN FÜR 4 PORTIONEN

- 100 g Schlagsahne (mind. 30 % Fett)
- 250 g Mascarpone (ital. Frischkäse)
- 30 g Zucker
- 1 Pck. Vanillin-Zucker
- 75 ml Milch (3,5 % Fett)
- 20–24 Löffelbiskuits (200 g, ohne Zuckerkruste)
- 175 ml fertige Trinkschokolade
- 1 geh. EL Kakaopulver zum Bestäuben

Pro Portion:

E: 12 g, F: 37 g, Kh: 57 g, kcal: 609

1. Sahne mit einem Mixer (Rührstäbe) auf höchster Stufe steif schlagen.

2. Mascarpone mit Zucker, Vanillin-Zucker und Milch in einer Rührschüssel mit dem Mixer (Rührstäbe) auf höchster Stufe in etwa 3 Minuten zu einer glatten Creme verschlagen.

3. Die Sahne nach und nach mit einem Teigschaber oder Schneebesen unter die Mascarponecreme heben.

4. Die Löffelbiskuits kurz in die Trinkschokolade tauchen. Die Kekse sollen dabei nicht zu sehr durchweichen!

5. Die Hälfte der Creme in der Auflaufform gleichmäßig verteilen. Die Hälfte der Löffelbiskuits in eine Auflaufform (20 × 25 cm) legen.

6. Die restlichen Löffelbiskuits dann nebeneinander auf die Creme legen und mit der restlichen Creme bedecken und glatt streichen.

7. Tiramisu dick mit Kakao bestäuben. Zugedeckt etwa 30 Minuten in den Kühlschrank stellen und gut durchziehen lassen.

Lieblingsrezept Nr.
6

SCHOKOPUDDING (FLAMMERI)

Zubereitungszeit: 15 Minuten
Kühlzeit: etwa 2 Stunden
Vegan

ZUTATEN FÜR 4–6 PORTIONEN – IN DEN SCHÄLCHEN

- 750 ml Pflanzenmilch, z. B. Soja- oder Mandelmilch
- 200 g Edelbitter-Schokolade (mind. 60 % Kakaoanteil)
- 1 Prise gem. Zimt
- 4 EL brauner Zucker
- 25 g Speisestärke

Pro Portion:

E: 6 g, F: 26 g, Kh: 45 g, kcal: 451

1. 500 ml von der Pflanzenmilch in einem Topf bis kurz vor dem Siedepunkt erhitzen. Schokolade in Stücke hacken, in die heiße Milch geben und schmelzen lassen. Je 1 Prise Salz und Zimt hinzugeben und alles zu einer glatten Masse verrühren.

2. Restliche Milch mit dem braunen Zucker und der Speisestärke anrühren.

3. Schokomilch unter Rühren zum Kochen bringen. Bevor die Milch kocht, die angerührte Speisestärke hinzugeben und unter Rühren kurz kochen lassen, bis die Milch eindickt.

4. Den Topf von der Kochstelle nehmen. Die Schokomasse in Gläser füllen, abkühlen lassen und anschließend etwa 2 Stunden in den Kühlschrank stellen.

TIPP:

Schokopudding warm oder kalt servieren. Wer keine Haut auf dem Pudding mag, kann die Oberfläche des noch warmen Puddings mit Frischhaltefolie belegen. Den Pudding z. B. mit gekochten Birnenstücken servieren.

Variante Schokoladenpudding (klassisch – auf dem Teller)

Für 4 Portionen: 1 Pck. Schokoladen-Pudding-Pulver und 50 g Zucker in eine kleine Schüssel geben. 300 ml Milch (1,5 % Fett) und 200 g Schlagsahne verrühren. 6 Esslöffel von der Milch-Sahne-Mischung mit einem Schneebesen nach und nach unter die Pudding-Zucker-Mischung rühren. Die restliche Milch-Sahne-Mischung in dem Topf unter Rühren zum Kochen bringen. Den Topf von der Kochstelle nehmen. Angerührtes Pudding-Pulver in die kochende Milch-Sahne-Mischung rühren. Den Topf wieder auf die Kochstelle setzen. Den Schokoladenpudding unter Rühren mindestens 1 Minute kochen lassen. Den Topf von der Kochstelle nehmen. 100 g Edelbitter-Schokolade (etwa 60 % Kakaobestandteil) in Stücke zerbrechen, unter den heißen Pudding rühren und schmelzen lassen. Den Pudding in eine Schüssel füllen. Die Puddingoberfläche mit Frischhaltefolie belegen, damit sich keine Haut bildet. Den Pudding abkühlen lassen, dann etwa 2 Stunden in den Kühlschrank stellen.

Lieblingsrezept Nr.

7

SCHOKOLADEN-SOUFFLÉS

Zubereitungszeit: 25 Minuten
Backzeit: 15–20 Minuten

ZUTATEN FÜR 6 PORTIONEN

100 g Edelbitter-Schokolade (etwa 70 % Kakaoanteil)
25 g Butter (zimmerwarm)
25 g Weizenmehl
140 ml Milch (3,5 % Fett)
4 Eier (Größe M)
70 g feiner Zucker
Kakaopulver oder Puderzucker zum Bestäuben

Zusätzlich:

6 Souffléförmchen (ø 6 cm)
1 EL Butter
2 EL Zucker

Pro Portion:

E: 7 g, F: 16 g, Kh: 26 g, kcal: 280

1. Souffléförmchen großzügig bis zum Rand mit Butter einstreichen und mit dem Zucker ausstreuen.

2. Den Backofen vorheizen.
Ober-/Unterhitze: etwa 210 °C
Heißluft: etwa 190 °C

3. Schokolade in Stücke hacken. Butter und Mehl mit einem Löffel zu einer glatten Masse vermengen (Mehlbutter).

4. Milch in einem kleinen Topf zum Kochen bringen, die Hitze reduzieren und die Mehlbutter in den Topf geben. Die Mehlbutter mit einem Schneebesen so lange einarbeiten, bis sie die Konsistenz eines festen Puddings hat.

5. Den Topf von der Kochstelle nehmen, die vorbereiteten Schokoladenstücke hinzugeben, kurz unterheben und in 3–4 Minuten schmelzen lassen. Ist die Schokolade geschmolzen, kann sie ganz mit der Butter-Mehl-Milch-Masse verrührt werden.

6. Die Eier trennen und Eigelb einzeln in die Schokoladenmasse einarbeiten. Der Teig sollte nun immer glatter und geschmeidiger werden.

7. Das Eiweiß mit 1 Prise Salz und etwa ⅓ des Zuckers aufschlagen, bis erste Bläschen im Eischnee entstehen. Dann nach und nach den restlichen Zucker einrieseln lassen. So lange schlagen, bis ein fester und stabiler Eischnee entstanden ist.

8. Die Schokoladenmasse nochmals glatt rühren und mit einem Teigschaber etwa ⅓ des Eischnees unterheben. Dann ein weiteres Drittel unterheben und zuletzt den restlichen Eischnee einarbeiten, bis gerade so keine weißen Eischneeklümpchen mehr im Teig zu sehen sind.

9. Den Teig mit einem Esslöffel in die vorbereiteten Förmchen füllen und darauf achten, dass der Förmchenrand dabei sauber bleibt. Die Förmchen bis etwa 1 cm unter den Rand füllen und auf ein Backblech setzen. Das Backblech in den vorgeheizten Backofen schieben. Schokoladen-Soufflés 15–20 Minuten backen.

10. Soufflés vorsichtig aus dem Backofen nehmen, mit Kakaopulver oder Puderzucker bestäuben und sofort servieren.

TIPP:

Die Backofentür beim Backen nicht öffnen. Gehen die Soufflés nicht mehr weiter auf und wird die sichtbare Teigschicht, die aufgegangen ist leicht braun, sind die Soufflés fertig zum Servieren.

Lieblingsrezept Nr.

8

AVOCADO-SCHOKO-MUS MIT BANANE

Zubereitungszeit: 5 Minuten
Vegan

ZUTATEN FÜR 2–3 PORTIONEN

- 1 reife Avocado
- 1 reife Banane
- 2 TL Backkakaopulver
- 1 EL Ahornsirup

Pro Portion:
E: 3 g, F: 18 g, Kh: 16 g, kcal: 255

1. Die Avocado halbieren, den Kern entfernen und das Fruchtfleisch mit einem Löffel aus der Schale lösen.

2. Die Banane schälen und zusammen mit der Avocado in einen hohen Mixbecher oder einen Standmixer geben. Kakaopulver und Ahornsirup dazugeben und alles zu einer glatten Masse pürieren.

3. Das Mus sofort verzehren, da es sich schnell verfärbt.

TIPPS:

Avocadomus mit gerösteten und gesalzenen Cashewkernen verfeinern oder mit Obst nach Wahl genießen.

Um eine feine Säurenote mit in das Mus zu bekommen, den Abrieb von einer halben Bio-Orange oder 1 gestrichenen Teelöffel Finesse Orangenschale mit in das Mus rühren.

Obst in weiße und braune Schokolade getaucht
Vegan

Für 4 Portionen den Backofen auf Ober-/Unterhitze etwa 80 °C vorheizen. Je 250 g weiße Schokolade und Zartbitter-Schokolade (Reismilch, laktosefrei) getrennt grob hacken, in 2 ofenfeste Schüsseln geben. Die Schüsseln auf dem Rost in den vorgeheizten Backofen schieben. Die Schokolade unter mehrmaligem Umrühren schmelzen. 500 g Erdbeerenputzen, abspülen und gut abtropfen lassen. Nach Belieben etwas von dem Grün stehen lassen. 2 Bananen schälen, vierteln und mit etwas Zitronensaft bestreichen. Eine halbe Ananas schälen und den mittleren harten Strunk herausschneiden. Die Ananashälfte in mundgerechte Stücke schneiden. Eine halbe Cantaloupe-Melone schälen, halbieren und entkernen. Das Fruchtfleisch von einer Melonenhälfte in große Stücke (Keile) schneiden. Die Lampions von 250 g Physalis aufreißen und in Form eines Stiels zusammendrehen. Die geschmolzenen Schokoladen auf Stövchen warm halten. Die Obststücke auf Holzspieße gesteckt in die Schokolade tauchen.

Lieblingsrezept Nr.

9

SCHOKOLADENEIS VEGAN

Zubereitungszeit: 10 Minuten
Gefrierzeit: 30–40 Minuten

ZUTATEN FÜR 4 PORTIONEN (650 ML)
Foto rechts

- 80 g gesiebtes Kakaopulver
- etwa 15 frische, saftige Datteln, entsteint, etwa 200 g
- 90 g Cashewkerne, eingeweicht, siehe Tipp
- 300 g Mandelmilch
- 80 g Edelbitter-Schokolade (mind. 60 % Kakaoanteil)
- 1 TL Vanillextrakt

Pro Portion:
E: 11 g, F: 25 g, Kh: 46 g, kcal: 477

1. Kakao, Datteln, Cashewkerne, Mandelmilch, zerkleinerte Schokolade, Vanilleextrakt und 1 Prise Salz in einen Standmixer geben und zu einer glatten Masse pürieren.

2. Die Schokoladenmasse in eine Eismaschine geben und in 30–40 Minuten fest werden lassen. Oder ohne Eismaschine die Schokoladenmasse in ein flaches Gefäß geben und in den Gefrierschrank stellen.

3. Die Schokoladenmasse dann im Abstand von etwa 30 Minuten mit einem kräftigen Schneebesen umrühren, bis die Masse eine cremig feste Konsistenz hat. Die Masse in einen verschließbaren Behälter füllen und wieder in den Gefrierschrank stellen.

TIPP:

Cashewkerne für etwa 4 Stunden oder besser über Nacht einweichen. Dann in einem Sieb gut abtropfen lassen. Die Kerne lassen sich dann besser in der Küchenmaschine verarbeiten, bzw. zerkleinern und man erhält später eine cremigere Eismasse. Das Eis sollte nach 1–2 Wochen verzehrt sein.

Variante Schokoladeneis (klassisch) Foto links

Für 8 Portionen 100 g Edelbitter-Schokolade (etwa 70 % Kakaoanteil) in kleine Stücke schneiden. 3 Eigelb (Größe M) mit 100 g Zucker und 1 Päckchen Bourbon-Vanille-Zucker mit einem Mixer (Rührstäbe) auf höchster Stufe in etwa 5 Minuten schaumig aufschlagen. 250 ml Milch (3,5 % Fett) in einem Topf zum Kochen bringen. Den Topf von der Kochstelle nehmen. Den Eierschaum nach und nach unter die Milch rühren. Den Topf wieder auf die Kochstelle stellen. Die Masse mit einem Schneebesen unter ständigem Rühren bei mittlerer Hitze zu einer dicklich cremigen Masse aufschlagen. Die Masse darf dabei nicht kochen. Schokoladenstücke unter die heiße Masse rühren. So lange rühren, bis die Schokolade vollständig geschmolzen ist. Den Topf in ein kaltes Wasserbad stellen. Die Schokoladenmasse unter Rühren erkalten lassen. 350 g Schlagsahne (mind. 30 % Fett) steif schlagen und unterrühren. Die Eismasse in kleine, gefriergeeignete Formen, z. B. Silikon-Herz-Formen füllen und zugedeckt in den Gefrierschrank stellen. Die Eismasse etwa 4 Stunden gefrieren lassen. Vor dem Servieren die Formen kurz in heißes Wasser halten. Das Schokoladeneis auf Teller stürzen.

Lieblingsrezept Nr.

10

MARZIPAN-EIS-PRALINEN

Zubereitungszeit: 40 Minuten, ohne Abkühlzeit
Gefrierzeit: mindestens 2 Stunden
Vegan

ZUTATEN FÜR 20 STÜCK

Für die Eismasse:

- 125 g Marzipan-Rohmasse
- 300 ml Mandeldrink
- 2–3 TL heller Sirup (Brotaufstrich)
- 1 Msp. gem. Zimt
- 40 g rote Konfitüre, z. B. Kirschkonfitüre

Zum Garnieren:

- 30 g gehobelte Mandeln

Für den Guss:

- 100 g Zartbitter-Schokolade (mind. 50 % Kakaobestandteil)
- 20 g Kokosfett

Pro Stück:

E: 2 g, F: 6 g, Kh: 7 g, kcal: 93

1. Für die Eismasse Marzipan-Rohmasse in kleine Stücke brechen, mit dem Mandeldrink in einen flachen Topf geben und unter Rühren etwa 1 Minute kochen lassen. Die Masse mit Sirup und Zimt abschmecken und unter gelegentlichem Rühren erkalten lassen.

2. Die Konfitüre glatt rühren, stückige Konfitüre evtl. mit einem Stabmixer pürieren. Die Hälfte der Eismasse in die Eiswürfelbereiter (insgesamt etwa 350 ml Inhalt, für etwa 20 Eiswürfel) füllen, jeweils einen Klecks Konfitüre in jedes Fach geben. Restliche Eismasse darauf verteilen. Die Formen mehrmals vorsichtig auf die Arbeitsfläche „stoßen“, sodass Luftblasen entweichen können. Die Formen zugedeckt in den Gefrierschrank stellen. Die Eismasse mindestens 2 Stunden gefrieren lassen.

3. Inzwischen zum Garnieren die Mandeln in einer Pfanne ohne Fett unter Wenden goldbraun rösten, auf einen Teller geben und erkalten lassen.

4. Für den Guss die Schokolade hacken und mit dem Kokosfett in einem kleinen Topf im Wasserbad bei schwacher Hitze unter Rühren schmelzen.

5. Zum Garnieren jeweils 4 Pralinen aus einer Form lösen. Eine Praline auf eine Gabel legen, über die Schüssel mit der Schokolade halten und mit der Schokolade überziehen. Dabei die abtropfende Schokolade im Topf wieder auffangen. Die Praline auf Backpapier legen und sofort mit den gehobelten Mandeln bestreuen. Restliche Pralinen auf die gleiche Weise überziehen und wieder einfrieren.

TIPP:

Statt die Pralinen mit gehobelten Mandeln zu bestreuen, können Sie auch 15 g sehr fein gehackte Pistazienkerne verwenden oder die Pralinen jeweils mit einer ganzen Mandel belegen.

Lieblingsrezept Nr.

11

SCHOKOLADEN-PARFAIT

Zubereitungszeit: 35 Minuten
Gefrierzeit: mind. 6 Stunden oder über Nacht
Mit Alkohol

ZUTATEN FÜR 8–10 PORTIONEN

150 g Zartbitter-Schokolade (etwa 50 % Kakaoanteil)
50 g Nuss-Nougat
4 Eier (Größe M)
80 g Zucker
1 TL Vanillextrakt
3 EL Rum
500 g Schlagsahne (mind. 30 % Fett)

Nach Belieben für die Füllung:
Cookies, Cranberries, Softaprikosen oder Rumrosinen

Zum Verzieren:
100 g Zartbitter-Schokolade

Pro Portion:
E: 8 g, F: 38 g, Kh: 27 g, kcal: 492

1. Schokolade und Nougat in Stücke hacken, in einem Topf im Wasserbad bei schwacher Hitze unter Rühren schmelzen.

2. Eine Kastenform (25 x 11 cm) großzügig mit Frischhaltefolie auslegen.

3. Eier, Zucker, 1 Prise Salz und Vanilleextrakt in einer Schüssel über einem heißen und leicht köchelndem Wasserbad etwa 5 Minuten erhitzen. Dabei die Masse mit einem Schneebesen kräftig aufschlagen. Die Schüssel mit der Eiermasse dann aus dem Wasserbad nehmen, den Rum unterrühren. Die Schüssel sofort in eiskaltes Wasser stellen.

4. Die Eiermasse darin kalt schlagen, d. h. sie sollte etwa Zimmertemperatur haben.

5. Die Sahne mit dem Mixer (Rührstäbe) auf höchster Stufe steif schlagen.

6. Die flüssige Schokolade unter die Eiermasse heben. Anschließend die Sahne nach und nach unter die Schoko-Eier-Masse heben.

7. Nach Belieben für die Füllung Cookies, Cranberrys, Softaprikosen oder Rumrosinen unterheben.

8. Parfaitmasse in die vorbereitete Kastenform füllen, zugedeckt mindestens 6 Stunden oder über Nacht in den Gefrierschrank stellen.

9. Zum Verzieren die Schokolade in Stücke hacken, in einem kleinen Topf im Wasserbad bei schwacher Hitze unter Rühren schmelzen.

10. Das gefrorene Parfait etwa 15 Minuten vor dem Servieren aus dem Gefrierschrank nehmen und aus der Form heben. Die Folie entfernen und das Parfait auf eine passende Platte oder einen Teller setzen und mit der flüssigen Schokolade verzieren (überspinnen).

11. Parfait in Scheiben schneiden und servieren.

TIPP:

Das Parfait ist gut zugedeckt im Gefrierschrank etwa 2 Wochen haltbar.

Lieblingsrezept Nr.

12

SCHOKOLADEN-MANDEL-PARFAIT

Zubereitungszeit: 25 Minuten, ohne Gefrierzeit
Vegan

ZUTATEN FÜR 4 PORTIONEN

Für die gebrannten Mandelsplitter:
- 100 g Zucker
- 100 g gestiftelte Mandeln

- 100 g Cornflakes
- 2 EL vegane Margarine

- 240 ml Kichererbsenflüssigkeit (von 400 g Kichererbsen aus der Dose)
- 140 g Edelbitter-Schokolade (etwa 70 % Kakaoanteil)
- 1/2 TL Vanilleextrakt
- 1/2 gestr. TL Weinstein-Backpulver

Zum Garnieren:
- 50 g Edelbitter-Schokolade (etwa 70 % Kakaoanteil)

Zusätzlich:
- 4 Dessertringe (ø 7 1/2 cm) oder 1 Kastenform

Pro Portion:
E: 12 g, F: 38 g, Kh: 63 g, kcal: 658

1. Für die gebrannten Mandelsplitter Zucker, 50 ml Wasser und 1 Prise Salz in einer beschichtete Pfanne zum Kochen bringen. Die Mandeln hinzugeben und bei starker Hitze so lange unter Rühren kochen lassen, bis der Zucker trocken wird. Dann die Hitze reduzieren und so lange weiterrühren, bis der getrocknete Zucker anfängt zu schmelzen und die Mandeln den Zucker aufnehmen und hellbraun glänzen. Mandeln auf ein Backblech (mit Backpapier belegt) geben, mit zwei Gabeln etwas auseinanderziehen und erkalten lassen.

2. Cornflakes in einen kleinen Gefrierbeutel geben, Beutel verschießen. Cornflakes mit einer Teigrolle zu Bröseln verarbeiten. Margarine zerlassen und mit den Bröseln vermischen.

3. Ein kleines Brett mit Frischhaltefolie belegen und Dessertringe daraufstellen. Oder eine Kastenform (30 x 11 cm) mit Frischhaltefolie auslegen. Die Cornflakesmasse gleichmäßig in den Ringen oder in der Kastenform verteilen, am Boden fest drücken und in den Kühlschrank stellen.

4. Von den Kichererbsen die Flüssigkeit auffangen und 240 ml davon abmessen.

5. Die Schokolade mit einem Messer zerkleinern und in einem Topf im Wasserbad bei schwacher Hitze unter Rühren schmelzen. Schokoladenmasse etwas abkühlen lassen.

6. Abgemessene Kichererbsenflüssigkeit in eine Rührschüssel geben. Vanilleextrakt hinzugeben und mit dem Mixer (Rührstäbe) in 8–10 Minuten schaumig und fest aufschlagen. Dabei nach 2–3 Minuten das Backpulver hinzugeben.

7. Abgekühlte, aber noch flüssige Schokolade und etwa ⅔ der gebrannten Mandelsplitter vorsichtig unter den Kichererbsenschaum heben. Den Schokoschaum in die vorbereiteten Ringe oder in die Kastenform füllen und mindestens 4 Stunden oder über Nacht in den Gefrierschrank stellen.

8. Zum Anrichten die Schokolade mit dem Messer zerkleinern. Die kleinen Parfaits vorsichtig aus den Ringen drücken oder das Parfait aus der Kastenform nehmen. Mit der zerkleinerten Schokolade und den restlichen Mandelsplittern betreuen und servieren.

Hinweis:
Aquafaba (aqua = Wasser und faba = Bohne) ist das dickflüssge Kochwasser von Kichererbsen, Bohnen und Hülsenfrüchten. Es lässt sich wie Hühnereiweiß aufschlagen. Das Einweichwasser der Kichererbsen ist nicht zum Verzehr geeignet.

Lieblingsrezept Nr.
13

STRACCIATELLA-EIS

Zubereitungszeit: 20 Minuten, ohne Gefrierzeit

ZUTATEN FÜR 4 PORTIONEN (850 ML)

- 2 Eier (Größe M)
- 120 g Zucker
- 1/2 Vanilleschote oder 2 TL Vanilleextrakt
- 300 ml Milch (3,5 % Fett)
- 10 g Reismehl
- 100 g Edelbitter-Schokolade (etwa 60 % Kakaoanteil)
- 200 g Schlagsahne (mind. 30 % Fett)

Pro Portion:

E: 9 g, F: 32 g, Kh: 46 g, kcal: 513

1. Eier trennen. Eiweiß mit etwa 30 g Zucker in einer Rührschüssel mit einem Mixer (Rührstäbe) steif schlagen.

2. Eigelb mit dem restlichen Zucker in einer weiteren Rührschüssel mit dem Mixer (Rührstäbe) zu einer hellgelben Masse aufschlagen.

3. Vanilleschote längs aufschneiden und das Mark mit einem Messerrücken herausschaben. Das Vanillemark und die Vanilleschote oder den Vanilleextrakt mit der Milch in einem Topf zum Kochen bringen. Das Reismehl nach und nach mit einem Schneebesen in die heiße Milch rühren und unter ständigem Rühren etwa 2 Minuten kochen lassen.

4. Den Topf von der Kochstelle nehmen. Die Vanilleschote entfernen. Die Reismilch unter ständigem Rühren zur Eigelbmasse geben. Eiweiß nach und nach unter die Eigelbmasse heben.

5. Schokolade mit dem Messer in kleine Stückchen schneiden.

6. Sahne steif schlagen und ebenfalls unter die Eiermasse heben. Zum Schluss die Schokoladenstückchen unter die Masse heben, sodass sie gleichmäßig verteilt sind.

7. Die Masse in eine ausreichend große Schüssel geben (Schüssel sollte etwa doppelt so groß sein, wie die Eismasse, etwa 1200 ml) und in den Gefrierschrank stellen.

7. Nach etwa 1 Stunde, wenn die Eismasse am Rand gefroren ist, sie mit einem kräftigen Schneebesen durchrühren. Dabei das Gefrorene vom Rand lösen. Die angefrorene Masse kurz und kräftig aufschlagen, bis sie geschmeidig und etwas luftig ist. Die Schüssel mit der Eismasse wieder in den Gefrierschrank stellen. Den Vorgang dann jeweils nach etwa 30 Minuten noch 2–3-mal wiederholen.

8. Wenn eine softeisartige Masse entstanden ist, kann man sie entweder direkt verzehren oder in einen kleineren, verschließbaren Behälter umfüllen und bis zum Servieren im Gefrierschrank aufbewahren.

TIPP:

Sollte das Eis zu lange im Gefrierschrank sein, etwa 15 Minuten vor dem Servieren herausnehmen und antauen lassen.

Lieblingsrezept Nr.

14

SCHOKOEIS MIT NUSSKARAMELL

Zubereitungszeit: 25 Minuten, ohne Gefrierzeit

ZUTATEN FÜR 8 PORTIONEN (1000 ML)

Für das Eis:

100 g Zartbitter-Schokolade (etwa 50 % Kakaoanteil)
100 g Nussnougat
400 ml Milch (3,5 % Fett)
30 g gesiebtes Kakaopulver
100 g Zucker
1/2 TL Vanillextrakt
3 Eigelb (Größe M)
100 g Schlagsahne

Für den Nusskaramell:

200 g Cashew-Erdnuss-Mix, mit Honig und Salz (aus dem Supermarkt) oder gebrannte Mandelsplitter siehe Schokoladen-Mandel-Parfait (Seite 30)

Zusätzlich:

1 Eismaschine

Pro Portion:

E: 10 g, F: 28 g, Kh: 38 g, kcal: 446

1. Schokolade mit einem Messer zerkleinern. Nougat in kleine Stücke schneiden. Milch mit Kakao, 50 g Zucker, Vanilleextrakt und 1 Prise Salz in einem Topf verrühren und unter Rühren aufkochen.

2. Eigelb mit dem restlichen Zucker in einer Rührschüssel mit dem Mixer (Rührstäbe) auf höchster Stufe zu einer hellen, cremigen und schaumigen Masse aufschlagen.

3. Etwas von der Kakaomilch in die Eiermasse geben und gut unterrühren. Die Eiermasse dann unter Rühren zur restlichen Kakaomilch in den Topf geben und mit dem Kochlöffel bei schwacher Hitze so lange rühren, bis sie leicht dick wird. Die Kakaomilch soll dabei nicht kochen.

4. Wenn die Masse dick ist, den Topf von der Kochstelle nehmen, die zerkleinerte Schokolade mit den Nougatstücken hineingeben und alles miteinander glatt rühren. Dann die Sahne nach und nach hinzugießen und ebenfalls gut mit der Masse verrühren.

5. Die Schoko-Nougat-Creme auf Zimmertemperatur abkühlen lassen, dabei hin und wieder mit dem Schneebesen aufschlagen. Anschließend die Masse in der Eismaschine in 45–50 Minuten zu Eis verarbeiten.

6. Für den Karamell die Nussmischung evtl. noch etwas zerkleinern. Nusstücke 3–4 Minuten vor Fertigstellung des Eises mit in die Maschine geben. Oder die Nussstücke mit einem Teigschaber unterarbeiten.

TIPP:

Um die cremige Konsistenz im Eis zu erhalten, das Eis 25–30 Minuten vor dem Servieren aus dem Gefrierschrank nehmen und im Kühlschrank temperieren lassen.

Alternativ kann das Eis auch im Gefrierschrank zubereitet werden. Das Eis dann in eine ausreichend große Schüssel füllen und in den Gefrierschrank stellen. Dann im Abstand von etwa 30 Minuten immer wieder durchrühren, bis es eine cremige Konsistenz hat. Nussmischung beim letzten Durchrühren mit in die Eismasse geben und gleichmäßig einarbeiten. Eis in einen Behälter mit Deckel umfüllen und wieder in den Gefrierschrank stellen. Das Eis sollte nicht länger als 14 Tage im Gefrierschrank aufgehoben werden.

Lieblingsrezept Nr.

15

TARTUFI VEGAN

Zubereitungszeit: 20 Minuten, ohne Gefrierzeit

ZUTATEN FÜR 6 STÜCK

Für das Eis:

150 g Bio-Kakaobutter
130 g Cashewkerne, eingeweicht (siehe Schokoladeneis vegan, Seite 24)
120 g Mandelmilch, ungesüßt
8 EL Ahornsirup oder Agavendicksaft
1 EL Vanilleextrakt
4 EL gesiebtes Kakaopulver

Zum Garnieren:

1–2 EL Kakaopulver zum Bestäuben
1 EL Kakaonibs oder 50 g geschmolzene Edelbitter-Schokolade (etwa 60 % Kakaoanteil) zum Überspinnen der Tartufi

Zusätzlich:

halbkugelige Silikonform für 6 Tartuffi (ø 7 cm)

Pro Stück:

E: 6 g, F: 37 g, Kh: 18 g, kcal: 438

1. Kakaobutter mit dem Messer zerkleinern und in einer Schüssel im Wasserbad bei schwacher Hitze unter Rühren schmelzen. Kakaobutter auf Zimmertemperatur abkühlen lassen. Alle Zutaten vor der Zubereitung sollten Zimmertemperatur (d. h. alle Zutaten sollen die etwa gleiche Temperatur haben).

2. Kakaobutter, Cashewkerne, Mandelmilch, Ahornsirup oder Agavendicksaft, Vanilleextrakt und 1 Prise Salz in einen Standmixer geben und so lange mixen, bis eine glatte Masse entstanden ist. Etwa die Hälfte der Masse in eine Schüssel füllen und kurz beiseitestellen.

3. Kakao zur Masse in den Standmixer geben und nochmals glatt mixen. Bei Bedarf die Masse mit einem Gummispatel vom Rand nach unten in den Mixeinsatz schieben und nochmals mixen.

4. Silikonform auf ein kleines Schneidbrett stellen. Die Schokoladenmasse gleichmäßig in den 6 Vertiefungen der Silikonform verteilen. Dann die beiseitegestellte Nuss-Masse mit einem Esslöffel oder einer kleinen Saucenkelle behutsam in die Mitte der dunklen Masse geben. Silikonform gerade in den Gefrierschrank stellen und Tartufo in 5–6 Stunden oder über Nacht gefrieren lassen.

5. Zum Anrichten die fertigen Tartufi aus der Silikonform drücken, mit Kakao bestäuben und mit einigen Kakaonibs bestreuen. Oder die Edelbitter-Schokolade schmelzen und die Tartufi damit überspinnen.

TIPP:

Die Tartufi vor dem Servieren 5–10 Minuten temperieren/antauen lassen.

Lieblingsrezept Nr.

16

SCHOKOLADEN-GANACHE (GRUNDREZEPTE)

Zubereitungszeit: 45 Minuten, ohne Kühlzeit

Zartbitter-Ganache zum Füllen:

300 g Schlagsahne
200 g Zartbitter-Schokolade (etwa 50 % Kakaoanteil)

Vollmilch-Ganache zum Füllen:

200 g Schlagsahne
200 g Vollmilch-Schokolade

Weiße Schokoladen-Ganache zum Füllen:

200 g Schlagsahne
200 g weiße Schokolade

Zartbitter-Ganache zum Bestreichen:

200 g Schlagsahne
400 g Zartbitter-Schokolade (etwa 50 % Kakaoanteil)

Vollmilch-Ganache zum Bestreichen:

200 g Schlagsahne
500 g Vollmilchschokolade

Weiße Schokoladen-Ganache zum Bestreichen:

200 g Schlagsahne
600 g weiße Schokolade

Zum Füllen von Pralinen, Torten und als Topping für Cupcakes:

1. Schokolade in Stücke hacken und in eine Schüssel geben.

2. Sahne in einem Topf zum Kochen bringen. Den Topf von der Kochstelle nehmen. Die kochende Sahne auf die Schokoladenstücke gießen und etwa 1 Minute ruhen lassen.

3. Dann mit einem Schneebesen von innen nach außen gründlich verrühren, bis die Schokoladenstücke ganz geschmolzen sind.

4. Die Ganache abkühlen lassen und zugedeckt in den Kühlschrank stellen. Sie kann dann zum Füllen von Pralinen verwendet werden.

5. Die Ganache mit einem Mixer (Rührstäbe) steif schlagen. So kann sie als Füllung für Torten verwendet werden.

Zum Bestreichen von Kuchen/Torten

1. Schokolade in Stücke hacken und in eine Schüssel geben.

2. Sahne in einem Topf zum Kochen bringen. Den Topf von der Kochstelle nehmen. Die kochende Sahne auf die Schokoladenstücke gießen und etwa 1 Minute ruhen lassen.

3. Dann mit einem Schneebesen von innen nach außen gründlich verrühren, bis die Schokoladenstücke ganz geschmolzen sind.

4. Die Ganache kann zugedeckt über Nacht bei Zimmertemperatur oder in einem kühlen Raum gelagert werden. Die Ganache sollte eine streichfähige Konsistenz haben. Sie soll also nicht zu fest sein, sonst lässt sie sich nicht gut verstreichen.

5. Diese Ganache kann, wenn sie mit der Torte gut durchgekühlt ist, als Unterlage für Fondant benutzt werden.

Tipp:
Die Ganache ist zugedeckt mit Frischhaltefolie im Kühlschrank bis zu 2 Wochen haltbar.

Vegane Ganache zum Füllen

450 g Zartbitter-Schokolade, mindest. 60 % Kakao oder gleich vegane Zartbitter-Schokolade 400 ml Kokosmilch, voll Fett 50 g Puderzucker

1. Schokolade in Stücke hacken und in eine Schüssel geben. Kokosmilch in einem Topf zum Kochen bringen.

2. Den Topf von der Kochstelle nehmen. Die kochende Kokosmilch auf die Schokoladenstücke gießen und etwa 1 Minute ruhen lassen.

3. Dann mit einem Schneebesen von innen nach außen gründlich

verrühren, bis die Schokoladenstücke ganz geschmolzen sind. Puderzucker in die Schokoladenmasse geben und glatt rühren.

4. Die Ganache zugedeckt in den Kühlschrank stellen. Sie kann dann zum Füllen von Pralinen verwendet werden.

5. Die Ganache mit einem Mixer (Rührstäbe) cremig-steif schlagen. So kann sie als Füllung für Torten verwendet werden.

Vegane Ganache zum Bestreichen

400 g Zartbitter-Schokolade, mindest. 60 % Kakao oder vegane Zartbitter-Schokolade 200 ml Kokosmilch, vollfett

1. Schokolade in Stücke hacken und in eine Schüssel geben. Kokosmilch in einem Topf zum Kochen bringen.

2. Den Topf von der Kochstelle nehmen. Die kochende Kokosmilch auf die Schokoladenstücke gießen und etwa 1 Minute ruhen lassen.

3. Dann mit einem Schneebesen von innen nach außen gründlich verrühren, bis die Schokoladenstücke ganz geschmolzen sind.

4. Die Ganache zugedeckt über Nacht in den Kühlschrank stellen. Sie sollte eine streichfähige Konsistenz haben. Sie sollte eine Streichfähige Konsistenz haben

SCHOKOLADE MIT NÜSSEN

Zubereitungszeit: 30 Minuten, ohne Kühlzeit
Haltbarkeit: 1–2 Monate (im Foto links)

ZUTATEN FÜR 12 STÜCKE

200 g Haselnusskerne
30 g brauner Zucker (Rohrzucker)
350 g Zartbitter-Kuvertüre (etwa 50 % Kakaoanteil)
1 TL Lebkuchengewürz

Pro Stück:
E: 5 g, F: 20 g, Kh: 17 g, kcal: 271

1. Für die Nuss-Schokolade die Haselnusskerne in einer Pfanne ohne Fett bei mittlerer Hitze unter Wenden rösten. Die heißen Haselnusskerne in ein Geschirrtuch geben und die Haut abrubbeln.

2. Den braunen Zucker in einer Pfanne schmelzen lassen, Nusskerne hinzugeben und unter Rühren leicht karamellisieren. Die Nusskerne herausnehmen, auf Backpapier geben und erkalten lassen.

3. Die Kuvertüre grob hacken. 2 Esslöffel gehackte Kuvertüre beiseitestellen. Restliche Kuvertüre in 2 Portionen in je einem Topf im Wasserbad bei schwacher Hitze unter Rühren schmelzen. Die beiden Portionen in eine Rührschüssel geben und das Lebkuchengewürz unterrühren. Dann die beiseitegestellte, gehackte Kuvertüre unterrühren (so behält die Kuvertüre ihren Glanz). Kuvertüre etwa 2 Minuten abkühlen lassen.

4. Danach die vorbereiteten Haselnusskerne unterrühren. Die Schokoladen-Nuss-Masse auf einem Backblech oder einem großen Brett (beides mit Backpapier belegt) etwa ½ cm dick aufstreichen. Die Schokolade an einem kühlen Ort fest werden lassen.

5. Die Nuss-Schokolade in Stücke brechen oder mit einem scharfen Messer in Stücke schneiden, dabei das Messer immer wieder kurz in heißes Wasser tauchen.

Variante:
Für **Schokolade mit Cranberrys und Pistazienkernen** (im Foto rechts): 1 Esslöffel Puderzucker in einer Pfanne schmelzen lassen, Pfanne von der Kochstelle nehmen. 40 g Pistazienkerne hinzugeben und rasch unter Rühren vermischen. Pistazienkerne auf ein Backblech (mit Backpapier belegt) geben und erkalten lassen. 200 g Zartbitter-Kuvertüre und 100 g Vollmilch-Kuvertüre grob hacken (2 Esslöffel Kuvertüre beiseitestellen) und wie im Rezept angegeben schmelzen. 1 kräftige Prise gemahlenen Kardamom unterrühren. Die Schokomasse auf ein Backblech oder ein Brett (beides mit Backpapier belegt) geben und etwa ½ cm dick darauf verstreichen, Pistazienkerne und 50 g getrocknete Cranberrys daraufstreuen evtl. etwas eindrücken. Die Schokolade an einem kühlen Ort fest werden lassen. Die Schokolade in Stücke brechen oder mit einem scharfen Messer in Stücke schneiden, dabei das Messer immer wieder in heißes Wasser tauchen.

Lieblingsrezept Nr.

18

SCHOKORIEGEL MIT BAISER ODER ERDNÜSSEN

Zubereitungszeit: 25 Minuten, ohne Abkühl- und Kühlzeit
Backzeit: etwa 12 Minuten

ZUTATEN FÜR 24 STÜCKE

Für den All-in-Teig:
200 g Weizenmehl
40 g gesiebtes Kakaopulver
1 Msp. Backpulver
70 g Puderzucker
150 g Butter oder Margarine (zimmerwarm)
1 Ei (Größe M)
3 EL kalte Milch (3,5 % Fett)

Für das Topping:
170 g gezuckerte Kondensmilch
100 g Schlagsahne
150 g Vollmilch-Schokolade
etwa 5 kleine Baisertupfen (etwa 10 g)
etwa 50 g geröstete, gesalzene Erdnusskerne

Pro Stück:
E: 3 g, F: 11 g, Kh: 17 g, kcal: 184

1. Den Backofen vorheizen.
Ober-/Unterhitze: etwa 180 °C
Heißluft: etwa 160 °C

2. Für den All-in-Teig Mehl, Kakao, Backpulver, 1 Messerspitze Salz und den Puderzucker in einer Rührschüssel mischen. Die Butter oder Margarine in kleinen Stücken, das Ei und die Milch hinzugeben. Die Zutaten mit einem Mixer (Rührstäbe) zu einem Teig verrühren.

3. Den Teig in einem tiefen Backblech (30 x 40 cm, gefettet) verteilen, glatt streichen und mit einer Gabel mehrfach einstechen. Das Backblech in den vorgeheizten Backofen schieben. Die Gebäckplatte etwa 12 Minuten backen.

4. Das Backblech auf einen Kuchenrost stellen. Die lauwarme Gebäckplatte in Streifen (etwa 5 x 10 cm) schneiden.

5. Für das Topping Kondensmilch und Sahne in einem flachen Topf aufkochen, dann unter Rühren etwa 2 Minuten ohne Deckel einkochen lassen. Den Topf von der Kochstelle nehmen. Sahnemilch etwa 1 Minute abkühlen lassen. Schokolade in Stücke brechen, in eine Schüssel geben und die Sahnemilch daraufgeben. Nach 2 Minuten mit einem Löffel zu einer glatten Masse verrühren. Die Masse etwa 30 Minuten in den Kühlschrank stellen.

6. Sobald die Masse kalt, aber noch nicht fest ist, mit dem Mixer (Rührstäbe) zu einer geschmeidigen, streichfesten Creme aufschlagen. Die Creme mit einem Löffel auf die Schokoriegel streichen.

7. Baiser grob zerkrümeln, auf die Hälfte der Riegel streuen und leicht andrücken. Die andere Hälfte der Riegel mit Erdnusskernen bestreuen. Die Kerne leicht andrücken.

Lieblingsrezept Nr.
19

SCHOKO-MARSH-MALLOW-SWIRL

Zubereitungszeit: 45 Minuten, ohne Kühlzeit
Haltbarkeit: etwa 3 Wochen, im Kühlschrank, zwischen einzelnen Lagen Backpapier, in einer luftdicht verschließbaren Dose

ZUTATEN FÜR 63 STÜCKE

- 40 g Puderzucker
- 10 g Maisstärke
- 5 Blatt weiße Gelatine
- 350 g Zucker
- 1 EL Glukosesirup (30 g)
- 3 Eiweiß (Größe M)
- 10 g Gummi arabicum
- 1 TL Vanilleextrakt
- 50 g gesiebtes Kakaopulver
- 150 g Zartbitter-Kuvertüre (etwa 50 % Kakaoanteil)

Zusätzlich:

- 1 EL Speiseöl
- Zuckerthermometer

Pro Stück:

E: 1 g, F: 1 g, Kh: 8 g, kcal: 45

1. Eine Auflaufform (21 x 18 cm) dünn mit Speiseöl bestreichen und mit Backpapier auslegen. Dabei das Backpapier rundherum andrücken. Puderzucker mit Maisstärke mischen. 1 Esslöffel davon gleichmäßig auf das Backpapier streuen.

2. Gelatine nach Packungsanleitung einweichen.

3. Von dem Zucker 1 Esslöffel abnehmen und beiseitestellen. Restlichen Zucker mit Glukosesirup und 150 ml Wasser in einen schweren Topf (etwa 2 Liter Inhalt) geben und mit einem Kochlöffel glatt rühren. Zuckerthermometer in den Topf stellen. Das Zuckerwasser bei starker Hitze auf 120 °C kochen. Den Topf von der Kochstelle nehmen und das Thermometer herausnehmen (dabei den Zuckersirup nicht berühren, sehr heiß).

4. Eiweiß mit 1 Prise Salz in einer Rührschüssel mit einem Mixer (Rührstäbe) steif schlagen. Beiseitegestellten Zucker unterschlagen. Den heißen Zuckersirup unter ständigem Schlagen in einem dünnen Strahl in den Eischnee zwischen die Rührstäbe gießen (darauf achten, dass er nicht an den Schüsselrand gegossen wird, er kühlt sofort ab, wird zäh und mischt sich dann nicht mehr mit dem Eischnee). Die eingeweichte Gelatine ausdrücken, unter die Eischneemasse rühren und darin auflösen. Gummi arabicum und Vanilleextrakt unterrühren. Die Masse eine weitere Minute schlagen.

5. 40 g Kakao mit 6–7 Esslöffeln heißem Wasser zu einer glatten Masse verrühren, zur Marshmallowmasse geben und vorsichtig unterheben, sodass eine Marmorierung entsteht. Masse in die Form füllen und verstreichen. Die Form etwa 24 Stunden in den Kühlschrank stellen.

6. Die Marshmallowmasse aus der Form lösen und auf ein Schneidbrett geben. Das Backpapier an den Seiten lösen. Die Marshmallowmasse mit einem großen Messer (dünn mit restlichem Speiseöl bestrichen) in etwa 2 x 3 cm breite Stücke schneiden.

7. Die Kuvertüre in kleine Stücke hacken. Ein Drittel davon in eine Metallschüssel füllen und im Wasserbad bei etwa 40 °C schmelzen. Die Schüssel aus dem Wasserbad nehmen, restliche Kuvertüre unterrühren, bis ein zäher Brei entstanden ist. Die Schüssel bei Zimmertemperatur einige Minuten stehen lassen, bis die Kuvertüre erstarrt ist. Die Schüssel wieder in das Wasserbad stellen und die Kuvertüre bei etwa 38 °C Wassertemperatur unter Rühren schmelzen.

8. Restliche Maisstärke-Puderzucker-Mischung mit dem restlichem Kakao mischen. Einen Bogen Backpapier dick damit bestreuen.

9. Die Unterseite der Marshmallows in die temperierte Kuvertüre tauchen, überschüssige Kuvertüre am Schüsselrand abstreifen. Die Marshmallows auf das mit der Puderzucker-Kakao-Mischung bestreute Backpapier setzten. Kuvertüre fest werden lassen.

Lieblingsrezept Nr.

20

NEW YORK CHOCOLATE CAKE

Zubereitungszeit: 75 Minuten, ohne Abkühlzeit
Backzeit: etwa 40 Minuten

ZUTATEN FÜR 12 STÜCKE

Für den Rührteig:

125 g Zartbitter-Schokolade (etwa 50 % Kakaoanteil)
125 g Butter (zimmerwarm)
100 g Puderzucker
5 Eier (Größe M)
75 g feiner Zucker
125 g Weizenmehl

Für die Creme:

150 g Edelbitter-Schokolade (etwa 60 % Kakaoanteil)
225 g Butter
200 g Puderzucker
1 Pck. Bourbon-Vanille-Zucker
2 EL gesiebtes Kakaopulver
250 g Schlagsahne (mind. 30 % Fett)

Zum Bestreichen:

200 g Johannisbergelee

Zum Garnieren:

150 g Zartbitter-Kuvertüre (etwa 50 % Kakaoanteil)
1 EL Speiseöl, Goldsternchen (essbarer Streudekor)

Zusätzlich:

1 Marmorplatte (etwa 30 x 40 cm)
1 Palette oder Japanspachtel

Pro Stück:

E: 8 g, F: 45 g, Kh: 70 g, kcal: 724

1. Den Backofen vorheizen.
Ober-/Unterhitze: etwa 180 °C
Heißluft: etwa 160 °C

2. Für den Teig Schokolade in Stücke brechen, in einem kleinen Topf im Wasserbad bei schwacher Hitze unter Rühren schmelzen. Etwas abkühlen lassen.

3. Die Butter mit dem Puderzucker und der Schokolade in einer Rührschüssel mit einem Mixer (Rührstäbe) cremig rühren. Die Eier trennen, Eigelb einzeln unter die Schoko-Butter-Masse rühren. Eiweiß mit 1 Prise Salz mit dem Mixer (Rührstäbe) auf höchster Stufe steif schlagen. Den Zucker nach und nach einrieseln lassen. Ein Drittel des Eischnees unter den Teig rühren. Zuerst den restlichen Eischnee, dann das Mehl daraufgeben, alles locker unter den Teig heben und gut vermischen.

4. Den Teig in eine Springform (ø 20–22 cm, mit Backpapier belegt) füllen und glatt streichen. Die Form auf dem Rost in den vorgeheizten Backofen schieben. Den Kuchen etwa 40 Minuten backen.

5. Die Form auf einen Kuchenrost stellen. Den Kuchen etwa 10 Minuten in der Form abkühlen lassen. Dann aus der Form lösen.

6. Für die Creme die Schokolade in Stücke brechen, mit der Butter in einem Topf im Wasserbad bei schwacher Hitze unter Rühren schmelzen, leicht abkühlen lassen. Die Schoko-Butter-Masse mit Puderzucker, Vanille-Zucker und Kakao cremig rühren. Die Sahne steif schlagen. Die Schokocreme nach und nach unter die Sahne rühren und in den Kühlschrank stellen.

7. Den Kuchen zweimal waagerecht durchschneiden, sodass drei Böden entstehen. Johannisbeergelee erwärmen. Zwei Böden mit je einem Drittel Johannisbeergelee bestreichen. Auf beide Böden je ein Viertel der Schokocreme geben und glatt streichen. Die Böden aufeinandersetzen und den dritten Boden daraufsetzen, leicht andrücken und mit dem restlichen Gelee bestreichen. Tortenoberfläche und -rand mit der restlichen Schokocreme bestreichen.

8. Zum Garnieren Kuvertüre in Stücke hacken, mit Öl in einer Schüssel im Wasserbad bei schwacher Hitze unter Rühren schmelzen. Eine Marmorplatte mit einigen Eiswürfeln belegen oder etwa 20 Minuten in den Gefrierschrank legen. Eiswürfel entfernen und die Platte abtrocknen bzw. aus dem Gefrierschrank nehmen. Die Kuvertüre portionsweise daraufgießen und sofort dünn verstreichen. Mit einer Palette oder einem Japanspachtel sofort kleine Röllchen abschaben.

9. Die Torte mit Schokoröllchen-Deko-Goldsternchen garnieren.

Lieblingsrezept Nr.

21

NAKED CAKE (SCHOKO-KOKOS-TORTE)

Zubereitungszeit: 60 Minuten, ohne Kühlzeit
Backzeit: etwa 70 Minuten

ZUTATEN FÜR 12 STÜCKE

Für den Teig:

350 g Zartbitter-Kuvertüre (etwa 50 % Kakaoanteil)
200 g Butter
220 g Zucker
6 Eigelb (Größe M)
120 g Weizenmehl
10 g gesiebtes Kakaopulver
1 gestr. TL Backpulver
6 Eiweiß (Größe M)
200 g gem. Cashewkerne

Für die Buttercreme:

150 g weiße Kuvertüre
300 g Butter
Mark von 1 Vanilleschote
140 g Puderzucker
200 ml Kokoscreme
je 1 Msp. Speisefarbpaste Rot, Violett, Pfirsich, Gelb

Für die bunten Schokospäne:

150 g weiße Kuvertüre
je 1 Msp. Speisefarbpaste Rot und Orange
1 TL roter Zucker

Zusätzlich:

1 Marmorplatte (etwa 30 x 20 cm)
1 Palette oder Japanspachtel

Pro Stück:

E: 17 g, F: 92 g, Kh: 108 g, kcal: 1333

1. Einen Bogen Alufolie in eine Tarteform legen. Einen flexiblen Tortenring (Höhe 9 cm) auf 20 cm Durchmesser ausziehen, in die Form stellen. Überstehende Folie zum Ring hin einrollen und andrücken.

2. Den Backofen vorheizen.
Ober-/Unterhitze: etwa 170 °C
Heißluft: etwa 150 °C

3. Für den Teig Kuvertüre hacken, in einer Schüssel im Wasserbad bei schwacher Hitze unter Rühren schmelzen, auf Zimmertemperatur abkühlen lassen. Butter, 120 g Zucker und Eigelb mit dem Mixer (Rührstäbe) auf höchster Stufe in etwa 4 Minuten schaumig schlagen. Kuvertüre nach und nach unterrühren.

4. Mehl mit Kakao und Backpulver mischen. Eiweiß und 1 Prise Salz mit dem Mixer (Rührstäbe) schaumig schlagen Restlichen Zucker nach und nach unterschlagen, sodass ein fester Schaum entsteht. Ein Drittel davon zur Buttermasse geben. Cashewkerne und die Mehlmischung daraufgeben, mit einem Teigspachtel unter die Buttermasse rühren. Restlichen Eischnee vorsichtig unterheben.

5. Den Teig in dem vorbereiteten Tortenring glatt streichen. Die Form auf dem Rost in den vorgeheizten Backofen (untere Schiene) schieben. Den Tortenboden etwa 70 Minuten backen.

6. Die Form auf einen Kuchenrost stellen, den Boden in der Form erkalten lassen. Dann den Tortenboden aus dem Tortenring lösen. Einen Servierteller auf die Tortenbodenoberfläche legen, Tortenboden umdrehen, Alufolie abziehen. Tortenboden wieder umdrehen und 3-mal waagerecht durchschneiden.

7. Für die Creme Kuvertüre wie unter Punkt 3 beschrieben schmelzen, abkühlen lassen. Butter, Vanillemark, geschmolzene Kuvertüre und Puderzucker mit dem Mixer (Rührstäbe) auf höchster Stufe in etwa 5 Minuten schaumig schlagen. Kokoscreme esslöffelweise unterschlagen. Buttercreme in 4 Schalen füllen. Mit je 1 Messerspitze Farbpaste einfärben.

8. Den unteren Boden auf den Servierteller legen, die Böden jeweils mit einer farbigen Buttercreme bestreichen und wieder zu einer Torte aufschichten. Die gelbe Buttercreme auf den letzten Boden streichen.

9. Für die Schokospäne Marmorplatte etwa 15 Minuten in den Gefrierschrank legen. Inzwischen die Kuvertüre wie unter Punkt 3 beschrieben schmelzen. Die Hälfte davon in 2 vorgewärmten Tassen verteilen. In eine Tasse rote und in eine Tasse orange Speisefarbpaste geben und unterrühren. Die Marmorplatte trocken reiben. Etwa 2 Esslöffel von der gefärbten

oder weißen Kuvertüre daraufgeben. Schnell mit einem Japanspachtel dünn ausstreichen, sofort mit einem zweiten Japanspachtel abschaben.

10. Nacheinander die farbige und weiße Kuvertüre wie beschrieben ausstreichen, mit Zucker bestreuen, dann abschaben. Geschabte Kuvertüre dekorativ auf die Torte schichten. Die Torte in den Kühlschrank stellen und 2–3 Stunden vor dem Servieren aus dem Kühlschrank nehmen.

PISCHINGER TORTE

Zubereitungszeit: 45 Minuten, ohne Abkühlzeit
Kühlzeit: mind. 4 Stunden
Ohne Backen

ZUTATEN FÜR 12 STÜCKE

Für den Krokant:

- 150 g gehackte Mandeln
- 70 g Zucker
- 15 g Butter

Für die Füllung:

- 200 g Zartbitter-Schokolade (etwa 50 % Kakaoanteil)
- 100 g Schlagsahne (mind. 30 % Fett)
- 250 g Butter (zimmerwarm)
- 50 g Puderzucker

Für den Guss:

- 150 g Zartbitter-Schokolade (etwa 50 % Kakaoanteil)
- 10 g Kokosfett

Zusätzlich:

- 8 Karlsbader Oblaten (ø etwa 20 cm)

Pro Stück:

E: 6 g, F: 43 g, Kh: 35 g, kcal: 553

1. Zum Vorbereiten ein Schneidbrett oder Backblech mit Backpapier belegen.

2. Für den Krokant die Mandeln in einer Pfanne ohne Fett goldbraun rösten und auf einen Teller geben. Zucker in der heißen Pfanne goldbraun karamellisieren. Die Pfanne von der Kochstelle nehmen, warme Mandeln und Butter mit einem Holzlöffel unter den Karamell rühren. Die Krokantmasse auf dem Backpapier verteilen und erkalten lassen.

3. Für die Füllung Schokolade in kleine Stücke hacken. Sahne in einem Topf aufkochen und von der Kochstelle nehmen. Gehackte Schokolade unterrühren und etwa 5 Minuten stehen lassen. Anschließend die Zutaten mit einem Teigschaber glatt rühren und etwas abkühlen lassen.

4. Inzwischen den Krokant in Stücke brechen und im Blitzhacker fein hacken.

5. Die Butter mit einem Mixer (Rührstäbe) auf höchster Stufe geschmeidig rühren. Den Puderzucker nach und nach unterrühren.

6. Aufgelöste Schokoladensahne in kleinen Portionen unter die Buttercreme rühren. 2 Esslöffel der Creme beiseitestellen. Krokant unter die restliche Creme rühren.

7. Krokantcreme auf 7 Oblaten verteilen und glatt streichen. Die bestrichenen Oblaten zu einer Torte zusammensetzen. Die letzte Oblate darauflegen und leicht andrücken. Den Tortenrand mit der abgenommenen Schokoladencreme bestreichen. Die Torte zugedeckt mindestens 4 Stunden in den Kühlschrank stellen, damit die Schokoladencreme fest wird.

8. Für den Guss Schokolade in kleine Stücke brechen, mit Kokosfett in einem kleinen Topf im Wasserbad bei schwacher Hitze unter Rühren schmelzen. Tortenoberfläche und -rand damit bestreichen. Torte in den Kühlschrank stellen und Guss fest werden lassen.

9. Die Torte gut gekühlt servieren und mit einem Sägemesser in Stücke schneiden.

Lieblingsrezept Nr.

23

PRINZREGENTEN-TORTE

Zubereitungszeit: 80 Minuten, ohne Kühlzeit
Backzeit: etwa 8 Minuten je Boden

ZUTATEN FÜR 16 STÜCKE

Für den Rührteig:
- 250 g Butter oder Margarine (zimmerwarm)
- 250 g Zucker
- 1 Pck. Vanillin-Zucker
- 4 Eier (Größe M)
- 200 g Weizenmehl
- 50 g Speisestärke
- 1 gestr. TL Backpulver

Für die Buttercreme:
- 1 Pck. Pudding-Pulver Schokoladen-Geschmack
- 70 g Zucker
- 500 ml Milch (3,5 % Fett)
- 250 g Butter (zimmerwarm)

Für den Guss:
- 150 g Zartbitter-Schokolade (etwa 50 % Kakaoanteil)
- 20 g Kokosfett

Zum Garnieren:
- 12 Zartbitter-Schokoladen-Dekor-Blätter

Pro Stück:
E: 5 g, F: 34 g, Kh: 42 g, kcal: 495

1. Den Backofen vorheizen.
Ober-/Unterhitze: etwa 180 °C
Heißluft: etwa 160 °C

2. Für den Teig die Butter oder Margarine mit einem Mixer (Rührstäbe) auf höchster Stufe geschmeidig rühren. Nach und nach Zucker, Vanillin-Zucker und 1 Prise Salz unterrühren. So lange rühren, bis eine gebundene Masse entstanden ist. Eier einzeln unterrühren (jedes Ei etwa ½ Minute).

3. Mehl mit Speisestärke und Backpulver mischen, in 2 Portionen kurz auf mittlerer Stufe unterrühren. Dann aus dem Teig 8 Böden backen. Dafür jeweils gut 3 Esslöffel des Teiges auf den Boden einer Springform (ø 26 cm, mit Backpapier belegt) streichen (darauf achten, dass die Teiglage am Rand nicht zu dünn ist, damit der Boden dort nicht zu dunkel wird).

4. Die Böden ohne Springformrand nacheinander (bei Heißluft 2 Böden zusammen) auf dem Rost in den vorgeheizten Backofen schieben. Die Böden etwa 8 Minuten hellbraun backen.

5. Die Böden sofort nach dem Backen von den Springformböden lösen und einzeln auf Kuchenrosten erkalten lassen.

6. Für die Buttercreme aus Pudding-Pulver, Zucker und Milch einen Pudding nach Packungsanleitung, aber mit 70 g Zucker zubereiten. Pudding erkalten lassen (nicht kalt stellen), dabei ab und zu durchrühren. Die Butter mit dem Mixer (Rührstäbe) geschmeidig rühren. Den Pudding esslöffelweise unterrühren. Dabei darauf achten, dass Butter und Pudding Zimmertemperatur haben, da die Creme sonst gerinnt.

7. Von der Buttercreme etwa 3 Esslöffel abnehmen und in einem Spritzbeutel mit Sterntülle füllen. Zum Garnieren beiseitelegen. Die Gebäckböden (einen Boden nicht bestreichen) mit der Buttercreme bestreichen und zu einer Torte zusammensetzen. Die oberste Schicht soll aus dem nicht bestrichenen Boden bestehen. Die Torte etwa 1 Stunde in den Kühlschrank stellen.

8. Für den Guss Schokolade in kleine Stücke brechen, mit Kokosfett in einem kleinen Topf im Wasserbad bei schwacher Hitze unter Rühren schmelzen.

9. Den Guss in die Mitte der Tortenoberfläche gießen und durch „Bewegen" der Torte auf der Oberfläche und am Rand gleichmäßig verlaufen lassen. Dabei den Guss evtl. am Rand mit einem Messer etwas verstreichen. Um eine gleichmäßige Oberfläche zu erhalten, die Torte auf der Arbeitsfläche „aufklopfen". Den Guss fest werden lassen. Die Torte bis zum Servieren in den Kühlschrank stellen.

10. Die Torte mit Buttercremetupfen bespritzen und mit den Schokoblättchen garnieren.

Lieblingsrezept Nr.

24

DREIFARBIGE SCHOKOLADENTORTE

Zubereitungszeit: 90 Minuten, ohne Kühlzeit
Backzeit: etwa 20 Minuten
Mit Alkohol

ZUTATEN FÜR 14–16 STÜCKE

Für die dunkle Ganache:

300 g Vollmilch-Schokolade
300 g Schlagsahne
50 g Butter (zimmerwarm)
2 EL Weinbrand

Für die helle Ganache:

150 g weiße Schokolade
150 g Schlagsahne
50 g Butter (zimmerwarm)

Für den Rührteig:

100 g Butter (zimmerwarm)
100 g Zucker
1 Pck. Vanillin-Zucker
2 Eier (Größe M)
75 g Weizenmehl
2 gestr. EL gesiebtes Kakaopulver
1 gestr. TL Backpulver
50 g Zartbitter-Raspelschokolade (etwa 50 % Kakaoanteil)

Zum Garnieren:

je 75 g weiße, Vollmilch- und Zartbitter-Schokolade
Kakaopulver

Zusätzlich:

1 Marmorplatte
1 Palette oder Japanspachtel

Pro Stück:

E: 6 g, F: 37 g, Kh: 38 g, kcal: 510

1. Für die dunkle Ganache am Vortag Schokolade in Stücke brechen. Sahne in einem Topf aufkochen lassen. Den Topf von der Kochstelle nehmen. Schokolade darin unter Rühren schmelzen. Butter und Weinbrand unterrühren. Ganache in eine Rührschüssel füllen, abkühlen lassen und zugedeckt über Nacht in den Kühlschrank stellen. Die helle Ganache ebenso zubereiten und ebenfalls zugedeckt in den Kühlschrank stellen.

2. Den Backofen vorheizen.
Ober-/Unterhitze: etwa 180 °C
Heißluft: etwa 160 °C

3. Für den Teig Butter mit einem Mixer (Rührstäbe) auf höchster Stufe geschmeidig rühren. Nach und nach Zucker und Vanillin-Zucker unterrühren. So lange rühren, bis eine gebundene Masse entstanden ist. Eier einzeln unterrühren (jedes Ei etwa ½ Minute).

4. Mehl mit Kakao und Backpulver mischen, in 2 Portionen kurz auf mittlerer Stufe unterrühren. Raspelschokolade kurz unterheben. Den Teig in eine Springform (ø 26 cm, Boden gefettet, mit Backpapier belegt) geben und glatt streichen. Die Form auf dem Rost in den vorgeheizten Backofen schieben. Den Gebäckboden etwa 20 Minuten backen.

5. Den Boden aus der Form lösen und auf einen Kuchenrost stürzen. Mitgebackenes Backpapier abziehen. Boden erkalten lassen und auf eine Tortenplatte legen. Einen Tortenring darumstellen.

6. Die helle Ganache mit dem Mixer (Rührstäbe) cremig aufschlagen und in einen Spritzbeutel mit Lochtülle (ø etwa 12 mm) füllen. Die Creme in 3 Kreisen im Abstand von etwa 1 ½ cm auf den Gebäckboden spritzen.

7. Die dunkle Ganache ebenfalls cremig aufschlagen. Gut die Hälfte davon mithilfe eines Spritzbeutels mit Lochtülle (ø etwa 12 mm) in die Zwischenräume spritzen. Die vorbereitete Torte einige Minuten in den Gefrierschrank stellen, damit die Ringe etwas fester werden.

8. Die restliche dunkle Ganache (2 Esslöffel für den Rand beiseitestellen) vorsichtig mithilfe einer Teigkarte auf der Tortenoberfläche glatt verstreichen, sodass die hellen Ringe bedeckt sind. Die Torte etwa 3 Stunden in den Kühlschrank stellen. Tortenring lösen und entfernen.

9. Zum Garnieren Schokolade in Stücke brechen und getrennt in je einem kleinen Topf im Wasserbad bei schwacher Hitze unter Rühren schmelzen.

10. Die einzelnen Schokoladensorten nebeneinander dünn auf eine gekühlte Marmorplatte streichen. Nach Belieben mit

Lieblingsrezept Nr.

25

einem Teigschaber leicht miteinander vermischen. Schokolade fest werden lassen (nicht kalt stellen).

11. Mit einem Japanspachtel Schokolocken abschaben und mithilfe von Gabeln auf die Tortenoberfläche legen. Den Tortenrand mit der beiseitegestellten, dunklen Ganache bestreichen und die restlichen dunklen Locken leicht an den Tortenrand drücken.

KALTER HUND,
KALTE SCHNAUZE ODER LUKULLUS

Zubereitungszeit 45 Minuten, ohne Kühlzeit

ZUTATEN FÜR 20 STÜCKE

Für die Schokoladencreme:
- 150 g Vollmilch-Kuvertüre
- 300 g Zartbitter-Kuvertüre (etwa 50 % Kakaoanteil)
- 125 g Schlagsahne
- 125 g Butter
- 1 Pck. Bourbon-Vanille-Zucker

etwa 250 g Bio-Dinkel-Butterkekse

Zum Bestäuben:
etwas Kakaopulver

Pro Stück:
E: 3 g, F: 17 g, Kh: 21 g, kcal: 250

1. Eine Kastenform (25 x 11 cm) mit Butter fetten, mit Backpapier auslegen.

2. Für die Schokoladencreme beide Kuvertüresorten in Stücke hacken, mit Sahne in einem kleinen Topf im heißen Wasserbad bei schwacher Hitze unter Rühren schmelzen. Die Kuvertüre abkühlen, aber nicht fest werden lassen.

3. Butter in einer Rührschüssel mit Handrührgerät mit Rührbesen schaumig rühren, Kuvertüre unterrühren. Die Creme zugedeckt erkalten lassen, aber nicht kalt stellen.

4. Ein Siebtel der weichen Kuvertürecreme in die Kastenform geben und mit einem Esslöffel glatt streichen. Mit einer Schicht Butterkekse bedecken, Kekse mit einem Sägemesser evtl. zurechtschneiden oder zerbrechen. Nun so viel Schokoladencreme auf der Keksschicht verteilen, dass diese bedeckt ist. Abwechselnd Schokoladencreme und Kekse in die Kastenform einschichten (7–8 Schichten). Mit einer Schicht Keksen enden.

5. Die Kastenform zugedeckt etwa 5 Stunden in den Kühlschrank stellen (am besten über Nacht, damit die Creme vollständig fest wird).

6. Den Kalten Hund auf eine längliche Platte stürzen, das Backpapier abziehen. Den Kuchen mit Kakaopulver bestäuben.

TIPPS:

Sie können statt der Butter auch 125 g Kokosfett verwenden. Schmelzen Sie das Kokosfett dann mit der Kuvertüre in der Sahne.

Rühren Sie unter die Schokoladencreme 1 Päckchen Orangenschalen-Aroma.

Oder verfeinern Sie die Schokoladencreme mit 2 Portionspäckchen (je 2 g) Instant-Espresso-Pulver.

Lieblingsrezept Nr.

26

SCHOKOKUCHEN OHNE MEHL

Zubereitungszeit 20 Minuten
Backzeit: 35–40 Minuten

ZUTATEN FÜR 10–12 STÜCKE

Für den Teig:

200 g Edelbitter-Schokolade (mind. 60 % Kakaoanteil)
200 g Butter
5 Eier (Größe M)
220 g Zucker
80 g gesiebtes Kakaopulver
2 TL Vanillextrakt

Zusätzlich für die Springform:

1 TL Butter
1 gestr. TL Kakaopulver

Zum Bestäuben:

Puderzucker oder Kakaopulver

Pro Stück:

E: 7 g, F: 30 g, Kh: 31 g, kcal: 427

1. Schokolade in Stücke hacken, mit der Butter in einer Schüssel im Wasserbad bei schwacher Hitze unter Rühren schmelzen.

2. Den Boden einer Springform (ø 24 cm) mit Backpapier auslegen. Den Rand der Form mit Butter bestreichen und mit Kakao bestäuben.

3. Den Backofen vorheizen.
Ober-/Unterhitze: etwa 180 °C
Heißluft: etwa 160 °C

4. Eier in einer Schüssel mit einem Schneebesen glatt verrühren. Nacheinander Zucker, Kakao, Vanilleextrakt und 1 Prise Salz in die geschmolzene Schokoladenmasse geben und gut verrühren. Die Eiermasse hinzugeben und sorgfältig unterrühren.

5. Den Teig in die vorbereitete Springform geben und gleichmäßig darin verteilen. Die Form auf dem Rost in den vorgeheizten Backofen schieben. Den Schokoladenkuchen 35–40 Minuten backen.

6. Die Form auf einen Kuchenrost stellen. Den Kuchen etwa 10 Minuten ruhen lassen. Dann den Springformrand mit einem Messer vom Kuchen lösen und abnehmen.

7. Zum Bestäuben den Schokoladenkuchen mit Puderzucker oder Kakao bestäuben, in 10 oder 12 Stücke schneiden und noch warm servieren.

TIPP:

Auf die angerichteten, noch warmen Kuchenstücke jeweils 1 Teelöffel Sauerrahm, Crème fraîche oder cremig geschlagene Sahne geben.

Lieblingsrezept Nr.

27

SALZKARAMELL BROWNIES

Zubereitungszeit 25 Minuten, ohne Kühlzeit
Backzeit: etwa 25 Minuten

ZUTATEN FÜR 16 STÜCKE

Für den Teig:

- 200 g weiche Karamell-Sahne-Bonbons
- 230 g Weizenmehl
- 40 g gesiebtes Kakaopulver
- 180 g Zucker
- 1 ½ gestr. TL Backpulver
- 250 ml Sonnenblumenöl
- 4 Eier (Größe M)
- 75 g Schoko-Tröpfchen

Zum Bestreuen:

- 1 gestr. TL Meersalz oder
- 1 TL Meersalzflocken

Pro Stück:

E: 4 g, F: 21 g, Kh: 33 g, kcal: 346

1. Den Backofen vorheizen.
Ober-/Unterhitze: etwa 180 °C
Heißluft: etwa 160 °C

2. Einen Bogen Backpapier zu einem langen, 24 cm breiten Streifen zuschneiden. Eine quadratische Backform (etwa 24 x 24 cm) fetten, dann den Backpapierstreifen hineinlegen und am Boden und an 2 Seiten fest andrücken. Es sind so zwei Seiten der Form mit dem Backpapier ausgekleidet.

3. Für den Teig die Sahne-Karamell-Bonbons grob hacken. 2 Esslöffel davon beiseitelegen.

4. Mehl mit Kakao, Zucker, ½ gestrichenen Teelöffel Salz und Backpulver in einer Rührschüssel mischen. Sonnenblumenöl und Eier hinzufügen und mit einem Mixer (Rührstäbe) zunächst kurz auf niedrigster, dann auf höchster Stufe in etwa 2 Minuten zu einem glatten Teig verarbeiten.

5. Schoko-Tröpfchen und Sahne-Karamell-Bonbons (bis auf die beiseitegelegten) unterrühren. Den Teig in die vorbereitete Form füllen und mit einem Esslöffel glatt verstreichen. Die restlichen Sahne-Karamell-Bonbons daraufstreuen.

6. Die Form auf dem Rost in den vorgeheizten Backofen schieben. Die Brownies etwa 25 Minuten backen.

7. Die Form auf einen Kuchenrost stellen. Die Brownies mit Salz oder den Salzflocken bestreuen und etwa 10 Minuten abkühlen lassen.

8. Die Brownies mit einem scharfen Messer an den Seiten ohne Backpapier vom Backformrand lösen und mithilfe des Backpapiers aus der Form heben. Brownies lauwarm servieren oder wieder auf den Kuchenrost legen und erkalten lassen.

9. Salzkaramell Brownies in Quadrate (etwa 6 x 6 cm) schneiden und servieren.

TIPP:

Die Brownies schmecken sehr gut warm mit einer Kugel Vanille- oder Nusseis.

Lieblingsrezept Nr.

28

BLÄTTERTEIG-SCHOKOBRÖTCHEN

Zubereitungszeit: 50 Minuten, ohne Kühlzeit
Teiggeh-/Ruhezeit: etwa 60 Minuten
Backzeit: etwa 20 Minuten

ZUTATEN FÜR 10 STÜCK

Für den Teig:

50 g Butter
130 ml lauwarmes Wasser
10 g frische Hefe
30 g Zucker
250 g Weizenmehl

Für die Füllung:

100 g Zartbitter-Schokolade (etwa 50 % Kakaoanteil)
100 g Butter (zimmerwarm)

Zum Bestreichen:

1 Ei (Größe M), 1 EL Milch

Pro Stück:

E: 5 g, F: 15 g, Kh: 29 g, kcal: 284

1. Für den Teig Butter zerlassen und etwas abkühlen lassen. Wasser in eine Rührschüssel geben. Hefe und Zucker hinzugeben und unter Rühren darin auflösen. Mehl, ½ gestrichenen Teelöffel Salz und lauwarme Butter hinzugeben. Die Zutaten mit einem Mixer (Knethaken) in etwa 1 Minute zu einem elastischen Teig verkneten. Den Teig zu einer Kugel formen und anschließend in Frischhaltefolie gewickelt mindestens 20 Minuten in den Kühlschrank legen.

2. In der Zwischenzeit für die Füllung die Schokolade in 10 gleich große Stücke teilen. Die Butter zwischen zwei Lagen Frischhaltefolie mit der flachen Hand oder einer Teigrolle zu einem Quadrat drücken oder rollen (etwa 20 x 20 cm).

3. Die Teigkugel auf die leicht bemehlte Arbeitsfläche geben. Frischhaltefolie beiseitelegen. Die Teigkugel zu einem Quadrat (etwa 30 x 30 cm) ausrollen. Das Butterquadrat diagonal auf den Teig legen, dabei die untere Lage der Frischhaltefolie entfernen. Die Spitzen der Butter sollen auf die Mitte der Teigseiten zeigen. Obere Lage Frischhaltefolie entfernen. Die Teigecken über die Butter zur Mitte hin klappen. Die Teigkanten jeweils fest zusammendrücken.

4. Teig auf der leicht bemehlten Arbeitsfläche mit der Teigrolle zu einem Rechteck (etwa 22 x 35 cm) ausrollen. Den Teig von der längeren Seite aus so einschlagen, dass drei Lagen entstehen. Teig wieder in die beiseitegelegte Frischhaltefolie wickeln, nochmals mindestens 20 Minuten in den Kühlschrank legen.

5. Den Teig wiederum zu einem Rechteck (etwa 20 x 25 cm) ausrollen. Die Teigplatte so halbieren, dass zwei Rechtecke (je etwa 10 x 25 cm) entstehen. Jedes Rechteck in 5 große Streifen (je etwa 5 x 10 cm) schneiden.

6. Die Ränder der Teigstreifen dünn mit Wasser bestreichen. Schokoladenstücke in die Mitte der Teigstreifen legen, die Teigsteifen jeweils von der kurzen Seite aus aufrollen. Darauf achten, dass die Schokolade möglichst vollständig vom Teig umschlossen ist. Die Ränder nicht zusammendrücken.

7. Den Backofen vorheizen. Ober-/Unterhitze: etwa 50 °C

8. Die Teigrollen auf ein Backblech (mit Backpapier belegt) legen. Den Backofen ausschalten. Das Backblech in den warmen Backofen schieben. Die Teigrollen etwa 60 Minuten gehen lassen, bis sie sich sichtbar vergrößert haben.Das Backblech auf einen Kuchenrost stellen und mit einem Geschirrtuch zudecken.

9. Den Backofen vorheizen. Ober-/Unterhitze: etwa 220 °C Heißluft: etwa 200 °C

10. Zum Bestreichen Ei und Milch verschlagen. Die Teigrollen damit bestreichen. Die Backofentemperatur um etwa 40 °C auf Ober-/Unterhitze: etwa 180 °C, Heißluft: etwa 160 °C reduzieren. Das Backblech in den vorgeheizten Backofen schieben. Die Schokobrötchen etwa 20 Minuten backen. Das Backblech auf einen Kuchenrost stellen. Die Schokobrötchen erkalten lassen.

Lieblingsrezept Nr.
29

SCHOKOKÜCHLEIN MIT KARAMELLKERN

Zubereitungszeit: 35 Minuten, ohne Abkühlzeit
Backzeit: etwa 20 Minuten
Haltbarkeit: kühl und dunkel etwa 1 Monat

ZUTATEN FÜR 12 GLÄSER

Für die Karamellmasse:

- 170 g gezuckerte Kondensmilch
- 50 g Schlagsahne

Für den Rührteig:

- 125 g Butter oder Margarine (zimmerwarm)
- 100 g Zucker
- 1 Ei (Größe M)
- 1 Eiweiß (Größe M)
- 140 g Weizenmehl
- 20 g gesiebtes Kakaopulver
- 1 gestr. TL Backpulver
- 50 ml Milch (3,5 % Fett)
- 50 g Zartbitter-Raspelschokolade (etwa 50 % Kakaoanteil)

- 1 Eigelb (Größe M)

Zusätzlich:

- 12 gesäuberte Sturz-Form-Gläser mit Deckeln (je 160 ml Inhalt)
- 12 Gummiringe
- 48 Klammern

Pro Glas:

E: 5 g, F: 16 g, Kh: 31 g, kcal: 292

1. Für die Füllung Kondensmilch und Sahne in einem kleinen Topf verrühren, zum Kochen bringen und etwa 4 Minuten bei mittlerer Hitze unter Rühren einkochen, bis die Masse dicklich wird. Die Masse in einer Schüssel erkalten lassen.

2. Den Backofen vorheizen.
Ober-/Unterhitze: etwa 180 °C
Heißluft: etwa 160 °C

3. Für den Teig Butter oder Margarine mit einem Mixer (Rührstäbe) auf höchster Stufe geschmeidig rühren. Nach und nach Zucker und 1 Prise Salz unterrühren. So lange rühren, bis eine gebundene Masse entstanden ist. Zunächst das Ei etwa ½ Minute, dann das Eiweiß kurz unterrühren.

4. Mehl mit Kakao und Backpulver mischen, mit der Milch kurz auf mittlerer Stufe unterrühren. Raspelschokolade unterheben.

5. Das Eigelb unter die eingekochte Kondensmilch-Sahne-Masse (Karamellmasse) rühren.

6. Den Teig in den Sturz-Form-Gläsern (bis etwa 2 cm unter den Rand gefettet und bemehlt) verteilen, sodass die Gläser bis maximal zu zwei Dritteln gefüllt sind. Mit einem Teelöffel in die Mitte eine kraterförmige Vertiefung drücken. Die Kondensmilch-Sahne-Masse mit einem Teelöffel in die Vertiefungen geben. Die Glasränder säubern.

7. Einen Kuchenrost in den vorgeheizten Backofen (unteres Drittel) schieben. Die Gläser auf den Rost stellen. Die Kuchen etwa 20 Minuten backen.

8. In der Zwischenzeit die Gummiringe in einer Schüssel mit kaltem Wasser einweichen.

9. Nach dem Backen ein Glas mit Topflappen aus dem Backofen nehmen und verschließen. Dazu einen vorbereiteten, feuchten Gummiring auf die Innenseite eines Glasdeckels legen. Das Glas sofort mit Deckel und 4 Klammern verschließen. Restliche Gläser auf die gleiche Weise verschließen. Nach jedem Glas, das aus dem Backofen genommen wird, den Backofen wieder schließen.

10. Die Gläser auf einem Kuchenrost vollständig erkalten lassen (am besten über Nacht), dann die Klammern lösen und die Gläser kühl aufbewahren.

TIPPS:

Die Kuchen schmecken auch lauwarm als Dessert sehr gut. Dazu passt z. B. eine Kugel Schokoladeneis.

Lieblingsrezept Nr.

30

SCHOKOLADEN-KIRSCH-WAFFELN MIT VANILLEEIS

Zubereitungszeit: 40 Minuten, ohne Abkühlzeit
Backzeit: etwa 3 Minuten je Waffel

ZUTATEN FÜR 8–10 WAFFELN

Für den Rührteig:

- 250 g Butter oder Margarine (zimmerwarm)
- 100 g Zartbitter-Kuvertüre
- 125 g Zucker
- 1 Pck. Bourbon-Vanille-Zucker
- 4 Eigelb (Größe M)
- 150 g Weizenmehl
- 25 g gesiebtes Kakaopulver
- 2 gestr. TL Backpulver
- 175 g Schlagsahne (mind. 30 % Fett)
- 100 g abgezogene, gem. Mandeln
- 4 Eiweiß (Größe M)

Für das Kirschkompott:

- 680 g abgetropfte Sauerkirschen (aus dem Glas)
- 20 g Speisestärke
- 1 Stück Orangenschale von 1 Bio-Orange (unbehandelt, ungewachst)
- 1 Stange Zimt
- 60 g Zucker
- 2 EL Zitronensaft

Zusätzlich:

- 8–10 Kugeln Vanilleeis, etwa 400 g (Fertigprodukt)

Pro Waffel:

E: 14 g, F: 54 g, Kh: 73, kcal: 850

1. Für den Teig die Hälfte der Butter oder Margarine mit klein gehackter Kuvertüre in einem kleinen Topf bei schwacher Hitze unter Rühren schmelzen und auf Zimmertemperatur abkühlen lassen.

2. Restliche Butter oder Margarine mit einem Mixer (Rührstäbe) auf höchster Stufe geschmeidig rühren. Nach und nach Zucker und Vanille-Zucker unterrühren. So lange rühren, bis eine gebundene Masse entstanden ist. Dann die Butter-Kuvertüre-Masse gleichmäßig unterrühren. Eigelb einzeln unterrühren.

3. Mehl mit Kakao und Backpulver mischen, abwechselnd mit der Sahne auf mittlerer Stufe kurz unterrühren. Zuletzt die Mandeln kurz unterrühren. Eiweiß steif schlagen und unterheben.

4. Das Waffeleisen erhitzen und leicht fetten, dabei die Herstelleranleitung beachten.

5. Pro Waffel 2–3 Esslöffel Teig in das Waffeleisen geben und leicht verstreichen. Die Waffeln etwa 3 Minuten backen, herausnehmen und einzeln auf einem Kuchenrost erkalten lassen.

6. Für das Kompott von den Kirschen den Saft auffangen. Speisestärke mit 3 Esslöffeln Kirschsaft glatt rühren. Restlichen Saft mit Orangenschale, Zimtstange, Zucker und Zitronensaft zum Kochen bringen. Angerührte Speisestärke in den von der Kochstelle genommenen Saft einrühren und unter Rühren aufkochen lassen. Kirschen unterrühren.

7. Waffeln mit dem lauwarmen Kirschkompott und je einer Kugel Vanilleeis servieren.

TIPP:

Aus dem Grundrezept lassen sich auch Waffeln nach Wiener Art zubereiten. Dafür die Waffeln mit Aprikosenkonfitüre bestreichen, mit steif geschlagener Sahne und etwas Raspelschokolade servieren.

Lieblingsrezept Nr.
31

MINI-KAKAO-GUGELHUPFE

Zubereitungszeit: 10 Minuten, ohne Abkühlzeit
Backzeit: etwa 20 Minuten
Vegan

ZUTATEN FÜR 6 STÜCK

Für den All-in-Teig:

20 g Chiasamen
1/2 reife Banane (etwa 80 g)
70 g Weizenmehl
10 g gesiebtes Kakaopulver
1 gestr. TL Backpulver
40 g Voll-Rohrzucker
1 Pck. Vanillin-Zucker
40 g vegane Margarine (zimmerwarm)
70 ml Mineralwasser mit Kohlensäure

Zusätzlich:

1 Silikonform für 6 Minigugelhupfe (je etwa 50 ml Inhalt)
etwas vegane Margarine
1 EL Voll-Rohrzucker

Pro Stück:

E: 2 g, F: 8 g, Kh: 21 g, kcal: 172

1. Die Mulden der Mini-Gugelhupf-Form mit Margarine einfetten und mit Zucker ausstreuen. Die Form in den Kühlschrank stellen.

2. Den Backofen vorheizen. Ober-/Unterhitze: etwa 180 °C Heißluft: etwa 160 °C

3. Für den Teig Chiasamen in einem Blitzhacker oder einer Kaffeemühle fein mahlen. Die Banane schälen und mit einer Gabel fein zerdrücken.

4. Mehl mit Kakao und Backpulver in einer Rührschüssel mischen. Bananenmus, gemahlene Chiasamen, Rohrzucker, Vanillin-Zucker, Margarine und Mineralwasser hinzufügen. Die Zutaten mit einem Mixer (Rührstäbe) zunächst kurz auf niedrigster, dann auf höchster Stufe in etwa 1 Minute zu einem glatten Teig verarbeiten.

5. Den Teig gleichmäßig in den Mulden der Mini-Gugelhupf-Form verteilen. Die Form auf ein Backblech stellen. Das Backblech in den vorgeheizten Backofen schieben. Die Gugelhupfe etwa 20 Minuten backen.

6. Die Form auf einen Kuchenrost stellen und die Gugelhupfe etwa 5 Minuten abkühlen lassen. Dann die Gugelhupfe aus der Form stürzen. Die Gugelhupfe lauwarm oder kalt servieren.

Lavacakes (Titelrezept)
Für 4 Portionen den Backofen auf 200 °C Unter-/ Oberhitze vorheizen. Vier Souffléförmchen (je 160 ml) mit etwas Butter fetten und mit Mehl ausstreuen. 75 g Zartbitter-Schokolade hacken und 75 g Butter zerlassen, etwas abkühlen lassen. 1 Ei mit 1 Eigelb und 60 g Zucker mit einem Mixer (Rührstäbe) cremig aufschlagen. 30 g Weizenmehl und 1 Esslöffel gesiebtes Kakaopulver darüber sieben und unterheben. Die Schokoladen-Butter unterziehen und die Masse in die Förmchen füllen. Die Cakes im Backofen 8–12 Minuten backen. Die Küchlein aus dem Backofen nehmen, kurz auf einem Kuchenrost ruhen lassen, vorsichtig auf Teller stürzen und mit Kakaopulver bestäuben. Sofort servieren.

TIPP:

Die Gugelhupfe z. B. lauwarm mit einer dunklen Schokosauce servieren. Dafür 40 g gesiebtes Kakaopulver, 20 g Voll-Rohrzucker und 1 Teelöffel Speisestärke in einem kleinen Topf verrühren. Nach und nach 250 ml ungesüßten Reisdrink (natur) unterrühren. Das Ganze unter Rühren etwa 1 Minute kochen lassen.

Lieblingsrezept Nr.

32

SCHOKOLADEN-ECLAIRS

Zubereitungszeit: 30 Minuten, ohne Kühlzeit
Backzeit: etwa 20 Minuten

ZUTATEN FÜR 12 STÜCK

Für die Füllung:
- 1/2 Pck. Pudding-Pulver Schokoladen-Geschmack
- 50 g Zucker
- 250 ml Milch (3,5 % Fett)
- 2 Eigelb (Größe M)
- 50 g Schlagsahne
- 70 g Zartbitter-Schokolade (etwa 50 % Kakaoanteil)

Für den Brandteig:
- 125 ml Wasser
- 25 g Butter oder Margarine
- 75 g Weizenmehl
- 15 g Speisestärke
- 3 Eier (Größe M)

Zum Verzieren:
- 1–2 EL Aprikosenkonfitüre
- 50 g Zartbitterschokolade (etwa 50 % Kakaoanteil)

Pro Stück:
E: 5 g, F: 11 g, Kh: 18 g, kcal: 188

1. Für die Füllung Pudding-Pulver mit Zucker, 1 Prise Salz und 6 Esslöffeln von der Milch anrühren, Eigelb unterrühren. Restliche Milch und Sahne in einem Topf zum Kochen bringen. Angerührtes Pudding-Pulver in die von der Kochstelle genommene Sahnemilch rühren und unter Rühren aufkochen lassen. Den Topf von der Kochstelle nehmen. Schokolade in Stücke brechen, hinzugeben und unter Rühren darin schmelzen. Die Oberfläche der Creme mit Frischhaltefolie belegen. Die Creme mindestens 2 Stunden in den Kühlschrank stellen.

2. Den Backofen vorheizen.
Ober-/Unterhitze: etwa 200 °C
Heißluft: etwa 180 °C

3. Für den Teig Wasser mit Butter oder Margarine in einem kleinen Topf aufkochen. Topf von der Kochstelle nehmen. Mehl mit Speisestärke mischen und auf einmal in die heiße Flüssigkeit geben. Alles mit einem Kochlöffel zu einem glatten Teigkloß verrühren, dann etwa 1 Minute unter ständigem Rühren erhitzen (abbrennen) und in eine Rührschüssel geben.

4. Die Eier einzeln mit einem Mixer (Knethaken) auf höchster Stufe unter den Teig arbeiten.

5. Den Teig portionsweise in einen Spritzbeutel mit Sterntülle (ø 12 mm) füllen und 12 etwa 10 cm lange Streifen auf ein Backblech (gefettet, mit Backpapier belegt) spritzen. Das Backblech in den vorgeheizten Backofen schieben. Die Eclairs etwa 20 Minuten backen.

6. Während der ersten 15 Minuten Backzeit die Backofentür nicht öffnen, da das Gebäck sonst zusammenfällt. Die Eclairs sofort nach dem Backen vom Backblech lösen und je einen Deckel abschneiden. Eclairs auf einem Kuchenrost erkalten lassen.

7. Zum Verzieren die Konfitüre durch ein Sieb streichen und in einem kleinen Topf unter Rühren erhitzen. Die Gebäckdeckel dünn damit bestreichen. Schokolade hacken und in einer kleinen Schüssel im Wasserbad bei schwacher Hitze unter Rühren schmelzen. Die Schokolade in einen kleinen Gefrierbeutel füllen, eine kleine Ecke abschneiden. Die Schokolade auf die Deckel sprenkeln.

8. Die kalte Schokoladencreme in einen Spritzbeutel mit Sterntülle (ø 12 mm) füllen und als Tupfen auf die unteren Eclair-Hälften spritzen. Die Deckel wieder auflegen.

Lieblingsrezept Nr.

33

SCHOKOMUFFINS MIT SCHOKOSIRUP UND -EIS

Zubereitungszeit : 30 Minuten
Backzeit: etwa 20 Minuten

ZUTATEN FÜR 12 STÜCK

Für den Teig:

- 120 g Butter
- 200 g Zartbitter-Kuvertüre (etwa 50 % Kakaoanteil)
- 250 g Weizenmehl
- 15 g gesiebtes Kakaopulver
- 100 g Puderzucker
- 1 gestr. TL Backpulver
- 1/2 TL Natron
- 1 Pck. Bourbon-Vanille-Zucker
- 100 ml Sonnenblumenöl
- 50 ml Milch (3,5 % Fett)
- 2 Eier (Größe M)

Für den Schokosirup:

- 120 g Zartbitter-Kuvertüre (etwa 50 % Kakaoanteil)
- 50 g Zucker

Zum Servieren:

- 500 ml Schokoladeneis (Fertigprodukt)

Zusätzlich:

- 1 Muffinform für 12 Muffins
- 12 Papierbackförmchen

Pro Stück:

E: 8 g, F: 35 g, Kh: 47 g, kcal: 535

1. Den Backofen vorheizen.
Ober/Unterhitze: etwa 180 °C
Heißluft: etwa 160 Grad

2. Für den Teig Butter in einem Topf bei mittlerer Hitze schmelzen, dann auf Zimmertemperatur abkühlen lassen. Kuvertüre grob hacken.

3. Mehl mit Kakao, Puderzucker, Backpulver, Natron, Vanille-Zucker und 1 Prise Salz in einer Rührschüssel mischen. Sonnenblumenöl, Milch und Eier verschlagen und zur Mehlmischung geben. Die gehackte Kuvertüre und die flüssige Butter hinzugeben und alle Zutaten kurz mit einem Mixer (Rührstäbe) unterrühren. Den Teig in die Mulden der Muffinform (mit Papierbackförmchen ausgelegt) füllen.

4. Die Form auf dem Rost in den vorgeheizten Backofen schieben. Die Muffins etwa 20 Minuten backen.

5. Die Muffins aus der Form heben und sofort mit einem Trinkglasboden (ø etwa 3 cm) jeweils eine 1 cm tiefe Mulde in die Muffins drücken.

6. Für den Sirup die Kuvertüre fein hacken. 100 ml Wasser mit Zucker bei starker Hitze aufkochen, bis der Zucker gelöst ist. Den Topf von der Kochstelle nehmen. Die Kuvertüre hinzugeben und mit einem Schneebesen glatt rühren, bis sie vollständig geschmolzen ist.

7. Den Schokosirup auf den warmen Muffins verteilen. Jeweils eine Kugel Schokoladeneis daraufgeben und warm servieren.

TIPP:

Sie können auch das Schokoladeneis von Seite 24 verwenden.

Lieblingsrezept Nr.

34

SALZIG-SÜSSE MACADAMIA COOKIES

Zubereitungszeit

ZUTATEN FÜR 8–9 GROSSE COOKIES

Zum Vorbereiten:
75 g Zartbitter-Schokolade (etwa 50 % Kakaoanteil)
50 g Macadamia-Nusskerne, geröstet und gesalzen

Für den Teig:
80 g Butter (zimmerwarm)
75 g Zucker
1 Pck. Vanillin-Zucker
1 Ei (Größe S)
125 g Weizenmehl
1 gestr. TL Backpulver
20 g Speisestärke
10 g gesiebtes Kakaopulver

etwas grobes Salz zum Bestreuen, z. B. Fleur de Sel

Pro Stück:
E: 4 g, F: 16 g, Kh: 24 g, kcal: 260

1. Zum Vorbereiten Schokolade und Macadamia-Nusskerne in gröbere Stücke hacken.

2. Den Backofen vorheizen.
Ober-/Unterhitze: etwa 180 °C
Heißluft: etwa 160 °C

3. Für den Teig Butter mit Zucker und Vanillin-Zucker in eine Rührschüssel geben. Die Zutaten mit einem Mixer (Rührstäbe) zunächst kurz auf niedrigster, dann auf höchster Stufe schaumig schlagen. Das Ei in etwa 1 Minute unterschlagen.

4. Mehl mit Backpulver, Speisestärke und Kakao gut vermischen. Die Mehl-Kakao-Mischung auf die Butter-Ei-Masse geben und mit einem Teigschaber unterheben. Zuletzt Schokolade und Nusskerne unterheben.

5. Den Teig mit 2 Esslöffeln oder einem Eisportionierer in gleich großen, runden Häufchen auf ein Backblech (gefettet, mit Backpapier belegt) setzen, dabei genügend Abstand zwischen den Teighäufchen lassen. Die Teighäufchen mit einem in Wasser getauchten Löffel zu flachen Cookies verstreichen. Die Cookies mit etwas Salz bestreuen. Das Backblech in den vorgeheizten Backofen schieben. Die Macadamia-Cookies 12–15 Minuten backen.

6. Das Backblech auf einen Kuchenrost stellen. Die Macadamia-Cookies darauf erkalten lassen.

Lieblingsrezept Nr.

35

EISSCHOKOLADE

Zubereitungszeit: 20 Minuten, ohne Kühlzeit

ZUTATEN FÜR 6 PORTIONEN

100 g Vollmilch-Schokolade
125 ml Wasser
500 ml Milch (3,5 % Fett)
125 g Schlagsahne
500 ml Vanilleeis (Fertigprodukt)
125 g Schlagsahne (mind. 30 % Fett)
etwas Vollmilch-Schokolade

Pro Portion:

E: 8 g, F: 31 g, Kh: 31 g, kcal: 442

1. Die Schokolade in kleine Stücke brechen und mit Wasser in einem kleinen Topf unter ständigem Rühren so lange erhitzen, bis die Schokolade vollständig geschmolzen ist.

2. Nach und nach die Milch und Sahne hinzugießen, unter Rühren erhitzen, aber nicht kochen lassen. Den Topf von der Kochstelle nehmen.

3. Schokoladenmilch oder -sahne abkühlen lassen und in den Kühlschrank stellen.

4. Das Vanilleeis in Würfel schneiden und in 4 Gläser geben. Die Schokoladenmilch oder -sahne in den Gläsern verteilen.

5. Die Sahne mit einem Mixer (Rührstäbe) auf höchster Stufe steif schlagen, in einen Spritzbeutel mit Sterntülle (ø 8 mm) füllen. Jeweils einen Sahnetuff auf die Eisschokolade spritzen. Nach Belieben mit geriebener Schokolade verzieren.

Selbstgemachtes Vanilleeis
Für 8 Portionen 1 Vanilleschote mit einem Messer der Länge nach aufschneiden. Das Mark mit dem Messerrücken herausschaben. 4 Eigelb (Größe M) mit 3 Esslöffeln von 500 g Schlagsahne, 80 g Zucker und Vanillemark in einer Edelstahlschüssel oder einem Edelstahltopf verrühren. Masse im Wasserbad bei mittlerer Hitze mit einem Schneebesen zu einer dicklichen Masse aufschlagen (Wasser und Eigelbmasse dürfen nicht kochen, da die Masse sonst gerinnt). Die Schüssel oder den Topf aus dem Wasserbad nehmen und in kaltes Wasser setzen. Die Eigelbmasse mit dem Schneebesen so lange weiterschlagen, bis sie abgekühlt ist. Die restliche Sahne steif schlagen und unterheben. Die Masse in eine flache Gefrierdose (etwa 1 l Inhalt) füllen und mindestens 3 Stunden gefrieren lassen.

Hinweis: Nur ganz frische Eier verwenden (Legedatum beachten, mind. 23 Tage Resthaltbarkeit).

TIPP:

Sie können das Eis auch in einer Eismaschine in etwa 40 Minuten (je nach Modell, Herstellerhinweise beachten) zubereiten.

Lieblingsrezept Nr.

36

HEISSE SCHOKOLADE

Zubereitungszeit: 8–10 Minuten

ZUTATEN FÜR 2 PORTIONEN

75 g Edelbitter-Schokolade (mind. 50 % Kakaoanteil)
1 Pck. Vanillin-Zucker
2–3 EL Zucker
1 TL Speisestärke
1 TL gesiebtes Kakaopulver
400 ml Milch (3,5 % Fett)
100 g Schlagsahne

Pro Portion:

E: 12 g, F: 40 g, Kh: 41 g, kcal: 577

1. Schokolade auf einer feinen Küchenreibe reiben. Vanillin-Zucker, Zucker, Speisestärke und Kakao in einen großen Becher geben und gut vermischen.

2. Vier Esslöffel der Milch unterrühren, sodass ein leicht flüssiger Brei entsteht. Schokolade unterrühren.

3. Restliche Milch und Sahne in einem Topf erhitzen (nicht kochen). Den Topf von der Kochstelle nehmen. Die Schokoladen-Zucker-Mischung unter ständigem Rühren mit dem Schneebesen unterrühren.

4. Die Schokolade nochmals erhitzen (nicht kochen) und in 2 Becher füllen. Sofort servieren.

Variante
Spanische Schokolade
Für 2–3 Portionen 60 g Zartbitter-Schokolade reiben und in einen Topf geben. 500 ml Milch und 1 Teelöffel gemahlenen Zimt hinzugeben. Die Zutaten bei schwacher Hitze unter Rühren so lange erwärmen, bis die Schokolade geschmolzen ist. 2 Eier unter die Schokoladenmilch rühren und so lange unter Rühren erhitzen, bis die Schokolade dicklich ist (nicht kochen lassen, da die Eier sonst gerinnen). Die spanische Schokolade in 2–3 Gläser füllen. Nach Belieben mit etwas geriebener Zartbitter-Schokolade bestreuen und sofort servieren.

Hinweis:
Nur ganz frische Eier verwenden, die nicht älter als 5 Tage sind (Legedatum beachten).

Lieblingsrezept Nr.

37

MEXIKANISCHE SCHOKOLADE MIT CHILI

Zubereitungszeit: 10 Minuten

ZUTATEN FÜR 4–5 PORTIONEN

Für die Schokolade:

120 g Zartbitter-Schokolade (etwa 50 % Kakaoanteil)
1 l Milch (3,5 % Fett)
2 TL gesiebtes Kakaopulver
200 ml Kondensmilch
1 TL Vanilleextrakt
1/2 TL gem. Zimt
1 Msp. ger. Muskatnuss
1 Msp. Chilipulver

Zum Garnieren:

Marshmallows (klein oder groß)
geschlagene Schlagsahne
gem. Zimt
Schokoladensauce (Fertigprodukt)
ger. Schokolade oder Raspelschokolade
Chiliflocken
Chilipulver

Pro Portion:

E: 15 g, F: 26 g, Kh: 27 g, kcal: 413

1. Schokolade in Stücke hacken. Milch, Kakao, Kondensmilch, Vanilleextrakt, Zimt, Muskat und Chili in einem Topf verrühren und zum Kochen bringen. Den Topf von der Kochstelle nehmen und die Schokoladenstücke hinzugeben und gut verrühren. So lange rühren, bis die Schokoladenstückchen geschmolzen sind.

2. Die heiße Schokolade in vorgewärmte Tassen füllen und nach Belieben mit den aufgeführten Zutaten garnieren.

TIPP:

Rühren sie z. B. 2 cl Tequila oder einen Ihrer Lieblingsliköre mit in die heiße Schokolade.

Lieblingsrezept Nr.

38

SCHOKOLADE AM STIEL

Zubereitungszeit: 25 Minuten, ohne Anzieh- und Abkühlzeit
Haltbarkeit: 1–2 Monate

ZUTATEN FÜR 12 STÜCK

Für die Schokoladen-Lollis:

- 250 g Zartbitter-Kuvertüre (etwa 50 % Kakaoanteil)
- 250 g Vollmilch-Kuvertüre
- 1 TL gesiebtes Kakaopulver
- 1 Pck. Bourbon-Vanille-Zucker
- 1 TL gem. Zimt
- 1/2 TL Bittermandel-Aroma (aus dem Röhrchen)
- evtl. einige getr. Chiliflocken

Zusätzlich:

- 12 kleine Silikonförmchen, z. B. Sterne und Herzen (etwa 7 cm groß)
- 12 Teelöffel aus Holz, Metall oder Bambus

Pro Portion (fertig zubereitete heiße Schokolade):

E: 11 g, F: 23 g, Kh: 33 g, kcal: 393

1. Für die Schokoladen-Lollis beide Kuvertüresorten in kleine Stücke hacken. Zwei Drittel beider Kuvertüresorten zusammen in einem Topf im Wasserbad bei schwacher Hitze unter Rühren schmelzen. Den Topf aus dem Wasserbad nehmen und die restliche Kuvertüre darin unter Rühren schmelzen.

2. Anschließend Kakao, Vanille-Zucker, Zimt und Bittermandel-Aroma unterrühren. Die Kuvertüremasse in 12 gleich großen Portionen (je etwa 40 ml) mithilfe eines Teelöffels in den Förmchen verteilen. Die Oberfläche nach Belieben mit Chiliflocken bestreuen.

3. Die Kuvertüremasse etwas fest werden lassen. Anschließend jeweils 1 Teelöffel in die Kuvertüre stecken. Die Lollis vollständig erkalten und fest werden lassen, am besten über Nacht.

4. Die Schoko-Lollis vorsichtig aus den Förmchen lösen.

TIPPS:

Schneller geht es, wenn Sie fertige Zartbitter- und Vollmilchkuvertüredrops verwenden. Die Kuvertüre muss dann nicht mehr gehackt werden.

Die Schoko-Lollis lassen sich auch von den Löffeln lutschen oder knabbern.

Zum Verschenken: Jeden Lolli in ein Muffin-Papierbackförmchen setzen und in einem Zellophantütchen verpacken. Die Schoko-Lollis zusammen mit einem schönen Trinkbecher für die heiße Schokolade verschenken. Das Rezept für die heiße Schokolade dazulegen: „Den Schoko-Lolli in 250 ml heiße Milch geben und unter Rühren darin auflösen. Schmeckt wunderbar!"

Lieblingsrezept Nr.
39
HAND MADE

SCHOKOLADEN-LIKÖR

Zubereitungszeit: 30 Minuten, ohne Abkühlzeit
Haltbarkeit: gekühlt etwa 7 Tage
Mit Alkohol

ZUTATEN FÜR 1,4 LITER (2 FLASCHEN JE 700 ML)

- 150 g Halbbitter-Kuvertüre (etwa 50 % Kakaoanteil)
- 250 g Schlagsahne
- 500 g Joghurt (3,5 % Fett)
- 120 g Puderzucker
- 1 TL Finesse Ger. Orangenschale
- 1 Pck. Vanillin-Zucker
- 300 ml Weinbrand (36 Vol.-%)
- 75 ml Weingeist/Ethanol (hochprozentiger Alkohol aus der Apotheke, 90 Vol.-%)

Pro Flasche:

E: 18 g, F: 76 g, Kh: 117 g, kcal: 1668

1. Kuvertüre in kleine Stücke hacken und in einem kleinen Topf im Wasserbad bei schwacher Hitze unter Rühren schmelzen. Sahne unter die Schokomasse rühren und etwas abkühlen lassen.

2. Schoko-Sahne mit Joghurt, Puderzucker, Orangenschale und Vanillin-Zucker mit einem Mixer (Rührstäbe) gut verrühren.

3. Weinbrand und Weingeist hinzufügen und nochmals gut durchrühren. Schokoladenlikör in 2 gründlich gereinigte, gespülte Flaschen füllen, fest verschließen und kalt stellen.

Variante
Lebkuchenlikör
Für Lebkuchenlikör 100 g Zartbitter-Schokolade (mind. 50 % Kakaoanteil) in kleine Stücke brechen. Die Schokoladenstücke mit 400 g haltbarer Schlagsahne in einem kleinen Topf im heißen Wasserbad bei schwacher Hitze unter Rühren schmelzen. 100 g Puderzucker hinzufügen und so lange rühren, bis er vollständig aufgelöst ist. Den Topf von der Kochstelle nehmen. 2 gestrichene Teelöffel Lebkuchengewürz und 200 ml Doppelkorn (38 Vol.-%) gut mit der Schokoladen-Sahne-Mischung verrühren. Den Likör in gründlich gereinigte, gespülte, verschließbare Flaschen füllen. Die Flaschen gut verschließen. Den Lebkuchenlikör sofort genießen oder im Kühlschrank aufbewahren. Der Likör ist 3–6 Monate haltbar.

Lieblingsrezept Nr.

40

ALPHABETISCHES REGISTER

A/B

Avocado-Schokomus mit Banane (vegan) 22
Birne Helene 10
Blätterteig-Schokobrötchen 62

D/E

Dreifarbige Schokoladentorte 54
Eisschokolade 76

H

Heiße Schokolade 78
Herrencreme 8

K

Kalte Schnauze 56
Kalter Hund 56
Kleine Schokoladenpuddinge 14

L

Lavacakes (Titelrezept) 68
Lebkuchenlikör 84
Lukullus 56

M

Macadamia Cookies, Salzig-süße 74
Marzipan-Eis-Pralinen 26
Mexikanische Schokolade mit Chili 80
Mini-Kakao-Gugelhupfe (vegan) 68
Mousse à la vanille (Variante) 6
Mousse au chocolat 6
Mousse mit Amarettini (Variante) 6

N/O

Naked Cake 48
New York Chocolate Cake 46
Obst in weiße und braune Schokolade getaucht (vegan) 22

P/Q/R

Pischinger Torte 50
Prinzregententorte 52
Quarkspeise „Birne Helene“ 10
Ratgeber 4

S

Salzig-süße Macadamia Cookies 74
Salzkaramell Brownies 60
Schoko-Fondue 12
Schoko-Kokos-Torte 48
Schoko-Marshmallow-Swirl 44
Schokoeis mit Nusskaramell 34
Schokokuchen ohne Mehl 58
Schokoküchlein mit Karamellkern 64
Schokolade am Stiel 82
Schokolade mit Chili, Mexikanische 80
Schokolade mit Cranberrys und Pistazienkernen 40
Schokolade mit Nüssen 40
Schokolade, Heiße 78
Schokolade, Spanische 78
Schokoladen-Eclairs 70
Schokoladen-Ganache (Grundrezepte) 38
Schokoladen-Kirsch-Waffeln mit Vanilleeis 66
Schokoladen-Mandel-Parfait (vegan) 30
Schokoladen-Parfait 28
Schokoladen-Soufflés 20
Schokoladen-Tiramisu 16
Schokoladeneis (klassisch) 24
Schokoladeneis (vegan) 24
Schokoladenlikör 84
Schokoladenpudding (klassisch) 18
Schokoladenpuddinge, Kleine 14
Schokoladentorte, Dreifarbige 54
Schokomuffins mit Schokosirup und -eis 72
Schokopudding (Flammeri - vegan) 18
Schokoriegel mit Baiser oder Erdnüssen 42
Selbstgemachtes Vanilleeis 76
Spanische Schokolade 78
Stracciatella-Eis 32

T/V

Tartufi (vegan) 36
Vanilleeis, Selbstgemachtes 76

KAPITELREGISTER

Ratgeber . . . 4

DESSERT

Mousse au chocolat . . . 6
Mousse mit Amarettini (Variante) . . . 6
Mousse à la vanille (Variante) . . . 6
Herrencreme . . . 8
Birne Helene . . . 10
Quarkspeise „Birne Helene" . . . 10
Schoko-Fondue . . . 12
Kleine Schokoladenpuddinge . . . 14
Schokoladen-Tiramisu . . . 16
Schokopudding (Flammeri - vegan) . . . 18
Schokoladenpudding (klassisch) . . . 18
Schokoladen-Soufflés . . . 20
Avocado-Schokomus mit Banane (vegan) . . . 22
Obst in weiße und braune Schokolade getaucht (vegan) . . . 22

EIS & PARFAIT

Schokoladeneis (vegan) . . . 24
Schokoladeneis (klassisch) . . . 24
Marzipan-Eis-Pralinen . . . 26
Schokoladen-Parfait . . . 28
Schokoladen-Mandel-Parfait (vegan) . . . 30
Stracciatella - Eis . . . 32
Schokoeis mit Nusskaramell . . . 34
Tartufi (vegan) . . . 36

KONFEKT

Schokoladen-Ganache (Grundrezepte) . . . 38
Schokolade mit Nüssen . . . 40
Schokolade mit Cranberrys und Pistazienkernen . . . 40
Schokoriegel mit Baiser oder Erdnüssen . . . 42
Schoko-Marshmallow-Swirl . . . 44

TORTEN

New York Chocolate Cake . . . 46
Naked Cake (Schoko-Kokos-Torte) . . . 48
Pischinger Torte . . . 50
Prinzregententorte . . . 52
Dreifarbige Schokoladentorte . . . 54

KUCHEN

Kalter Hund, kalte Schnauze oder Lukullus . . . 56
Schokokuchen ohne Mehl . . . 58
Salzkaramell Brownies . . . 60

KLEINGEBÄCK

Blätterteig-Schokobrötchen . . . 62
Schokoküchlein mit Karamellkern . . . 64
Schokoladen-Kirsch-Waffeln mit Vanilleeis . . . 66
Mini-Kakao-Gugelhupfe (vegan) . . . 68
Lavacakes (Titelrezept) . . . 68
Schokoladen-Eclairs . . . 70
Schokomuffins mit Schokosirup und -eis . . . 72
Salzig-süße Macadamia Cookies . . . 74

GETRÄNKE

Eisschokolade . . . 76
Selbstgemachtes Vanilleeis . . . 76
Heiße Schokolade . . . 78
Spanische Schokolade . . . 78
Mexikanische Schokolade mit Chili . . . 80
Schokolade am Stiel . . . 82
Schokoladenlikör . . . 84
Lebkuchenlikör . . . 84

Bei Fragen oder Anregungen wenden Sie
sich bitte an folgende Telefonnummer
+49 (0) 89-5482515-0 oder an
kontakt@zsverlag.de.

Edel Verlagsgruppe GmbH
Kaiserstraße 14 b
D-80801 München

ISBN: 978-3-7670-1835-8
2. Auflage 2021

Projektleitung: Carola Reich
Redaktion: Annette Riesenberg
Korrektorat: Regina Rautenberg, Nützen
Rezeptentwicklung: Olaf Brummel, Steinhagen
Nährwertberechnungen: Nutri Service, Hennef,
Angelika Ilies, Langen

Coverfoto:
StockFood Studios, München
Foodfotografie:
Barbara Bonisolli, München (S. 51);
Walter Cimbal, Hamburg (S. 41, 45, 47, 49, 53, 55, 63, 73);
Claudia Gödke, Berlin (S. 67);
Antje Plewinski, Berlin (S. 43);
Anke Politt, Hamburg (S. 61, 75);
StockFood Studios / Andreas Hantschke (S. 17);
StockFood Studios / Foodphotografie und Foodstyling: Julia Skowronek, Assistenz: Fidelis Licht, München (S. 7, 11, 15, 19, 21, 23, 25, 29, 31, 33, 35, 37, 39, 57, 59, 65, 77, 79, 81, 85);
Studio Diercks Media GmbH (Kai Boxhammer, Silje Paul), Hamburg (S. 69, 71);
Studio Eising, München (S. 13, 27, 83);
Brigitte Wegner, Bielefeld (S. 9)

Gestaltungskonzept:
seidldesign.com, Wolfgang Seidl, Stuttgart
Satz: MDH Haselhorst, Bielefeld
Titelgestaltung: Büro 18, Friedberg/Bayern
Producing: Jan Russok
Herstellung: Frank Jansen

Druck und Bindung: optimal media GmbH, Röbel

Die Bücher und E-Books unter der Marke
Dr. Oetker Verlag erscheinen als Lizenz in
der Edel Verlagsgruppe GmbH.
redaktion-oetker@zsverlag.de
www.facebook.de/Dr.OetkerVerlag

Die Autorin

Cornelia Kenklies wurde 1954 in Hannover geboren und lauschte als Kind gebannt den plattdeutschen Märchen und selbst ersponnenen Geschichten ihres Großvaters. Nach Stationen in Frankreich und Hamburg lebte sie 25 Jahre lang mit ihrer Familie in einer Altländer Kate am Elbdeich. Seit 1980 ist sie geprüfte Gästeführerin in und um Stade und hat als Studienreiseleiterin 30 Jahre lang fast alle europäischen Länder und die USA bereist. Cornelia Kenklies hält länderkundliche und kunsthistorische Vorträge, Kurse und Gästeführer-Seminare. Rund 50 selbst veranstaltete thematische Studienreisen führten in viele Länder Europas. Ihre Philosophie: Im Mittelpunkt der Reise steht immer der Mensch.

Titelzeichnung: Peter Fischer, Winkeldorf

1. Auflage 2021

ISBN 978-3-95494-261-9
www.edition-falkenberg.de

Sagen und Geschichten
aus dem Alten Land

Cornelia Kenklies

Sagen und Geschichten aus dem Alten Land

Edition Falkenberg

Meinem Großvater Paul

und meinen Enkelkindern
Carolin, Annika und Christoph

In memoriam Gerd Matthes
† 2014

Inhalt

Zum Geleit 8
Einleitung 11

Adel im Alten Land

Der Wolf von Francop (Wohltmann) 15
Der Junker ruft I (Wohltmann) 17
Der Junker ruft II* (Gorch Fock) 20

Vom Deichbau und dem blanken Hans

Die schwedische Deichwacht (Wohltmann) 22
Mieken Borchers* (Brauer) 23

Vom Teufel

Der Deich* (Fischer) 26
Stuufstert* (Fischer) 29

Obstparadies

Märchen aus dem Alten Land (Helborn) 33
Starenkönig, hilf* (Fischer) 37
Pflücker* (Osse-Gosch) 40

Schabernack

Die Vogelscheuche* (Osse-Gosch) 44
Das ewige Brautpaar* (Osse-Gosch) 47

Vom Herrgott

Saure Suppe* (Fischer) 50
Der Zwetschenpfannkuchen* (Fischer) 54

Mahlzeit!

Gesche von Husen aus Huttfleth (Cordes) 59
Metje Pape und die Kosaken* (Osse-Gosch) 62
Stint holen* (Fischer) 63
Claus von Husen und die Fischfrau* (Osse-Gosch) 65

Geselligkeit und Brauchtum

Jan Fudderich* (Gustav Fock) 66
Altländer Hochzeit* (Köster) 69
Schlittenfahrt auf der Elbe um 1840* (Osse-Gosch) 81
Fährhaus Kirschenland* (Heinrich) 84

Von Pflanzen und Tieren

Die schmucke Tanne* (Fischer) 86
Butterblume und Distel* (Fischer) 92
Von der klugen Maus* (Fischer) 93
Adebar und der Frosch* (Fischer) 96

Unheimliches

Zwischen zwölf und eins* (Osse-Gosch) 99
Besuch im Dunkeln* (Fischer) 102
Der unterirdische Gang bei der Esteburg (Marquardt) ... 106

Ausflug auf die Geest

Vom eisernen Knopf * (Fischer) 108

Seefahrt

Der König von Tonga (Jank) 112
Als Knecht Niklas übers Wasser ging (Leip) 116

Quellen 123
Dank 126
Ortsregister 128

* Original in plattdeutscher Sprache, ins Hochdeutsche übersetzt von C. Kenklies

Zum Geleit

Zwischen den beiden großen Hansestädten Hamburg und Bremen liegt das »Elbe-Weser-Dreieck«, eine vielgestaltige und reizvolle Natur- und Kulturlandschaft. Die beiden großen Ströme Elbe und Weser begrenzen das Gebiet von außen her, im Innern gliedern es Marsch, Moor und Geest.

In der Geschichte war das Land zwischen Elbe und Weser jahrhundertelang eng verbunden: zunächst im Mittelalter als benachbarte und zusammenwachsende Landesherrschaften der Bremer und Verdener Bischöfe (Erzstift Bremen, Stift Verden), dann in der Frühen Neuzeit als »Herzogtümer Bremen und Verden« unter schwedischer und kurzeitiger dänischer Herrschaft, schließlich seit dem 18. Jahrhundert als »Landdrostei« bzw. »Regierungsbezirk« eine Verwaltungseinheit im Kurfürstentum bzw. Königreich Hannover, im Königreich Preußen und (bis 1977) im deutschen Bundesland Niedersachsen.

Vielfältig sind die kulturellen Prägungen und Lebenswelten im Innern des Elbe-Weser-Dreiecks: in den Dörfern, Flecken und kleinen Städten auf der Geest, in den Moorbezirken, in den Fluss- und Seemarschen. Jede dieser Regionen hat ihren unverwechselbaren Charakter, ihre eigene Lebenswelt. Dies kommt in Selbstverwaltungsorganisationen wie Genossenschaften und Deichverbänden zum Ausdruck, aber auch in den Traditionen und kulturellen Überlieferungen, von denen historische Dokumente berichten und von denen Sagen und Geschichten erzählen.

Gerade das »Alte Land« mit seiner besonderen Besiedlungsgeschichte, mit seinem wirtschaftlichen und kulturellen Reichtum, mit dem ausgeprägten Selbstbewusstsein seiner Bewohner bietet eine Fülle von Stoffen für Geschichte und Geschichten: Seefahrt und Deichbau, Naturlandschaft und Obstanbau, Brauchtum und Festkultur werden hier erlebt und sind in Erzählungen lebendig.

Vor diesem Hintergrund ist es erstaunlich, dass es bisher ein »Sagenbuch« über das Alte Land nicht gab. In den von Hans Wohltmann 1959 und 1963 publizierten »Sagen aus dem Lande zwischen Niederelbe und Niederweser« und auch in dem 1988 von Michael Iba zusammengestellten

Sagenbuch von Elb- und Wesermündung »Hake Betken seine Duven« sind Geschichten aus dem Alten Land kaum vertreten.

Cornelia Kenklies hat nun die »Sagen und Geschichten aus dem Alten Land« nicht nur aus vielen Quellen zusammengestellt, sondern auch teilweise selbst nacherzählt und in ihrer historischen und kulturellen Bedeutung erläutert. So ist dieses Buch eine große Bereicherung unseres Wissens über Land und Leute, über Atmosphäre und Lebensgefühl in einer einzigartigen Kulturlandschaft und ein Lesevergnügen zugleich.

Dr. Hans-Eckhard Dannenberg
Landschaftsverband der
ehemaligen Herzogtümer
Bremen und Verden

Einleitung

Ein Großvater, der Geschichten erfindet und plattdeutsche Märchen erzählt, Rätsel kennt und Schabernack treibt, ist nicht mit Gold aufzuwiegen.

Bis weit in die 1960er Jahre wurde in den Stuben erzählt, gespielt, gerätselt und gescherzt. Ohne Fernseher, Computer und Telefon war das Geschichtenerzählen der beste Zeitvertreib. Familienfeste waren willkommener Anlass, Anekdoten oder Lebensläufe von Ahnen und Urahnen wieder und wieder zu erzählen und so an folgende Generationen weiterzugeben. – Heutige Enkelkinder können sich ein Leben ohne TV, Tablet und computeranimierte Spiele kaum vorstellen. Wenn aber Großeltern das Familienalbum hervorholen, kann es doch passieren, dass sie interessiert den Geschichten aus alter Zeit lauschen.

Schon unsere Urahnen saßen am offenen Herdfeuer und gaben alte Sagen und Mythen von Mund zu Mund weiter. Die Gebrüder Grimm schauten »den Menschen aufs Maul« sammelten

Märchen und bewahrten sie in Schriftform vor dem Vergessen.

Hans Wohltmann, Direktor des Athenaeums und Vorsitzender des Stader Geschichts- und Heimatvereins, begann in den 1930er Jahren, Sagen zu sammeln und zu veröffentlichen. Die Früchte seiner Bemühungen fasste er in zwei Bänden mit insgesamt 383 Sagen aus dem Land zwischen Niederelbe und Niederweser zusammen.

Von dieser Fülle an Sagen stammt der Großteil aus den älteren, früher besiedelten Geestgebieten mit ihren uralten, megalithischen Steinsetzungen, Hünengräbern und unheimlichen Moorgebieten. Die jüngere Marsch im Urstromtal der Elbe wurde großen Stils erst seit dem 12. Jahrhundert durch tatkräftige Siedler eingedeicht und bewohnbar gemacht. Sie waren, im Gegensatz zu den Geestleuten, vermutlich eher nüchtern und zukunftsgewandt. Lediglich vier Sagen sind im Alten Land beheimatet.

Doch den Mangel an echten Sagen macht eine Vielzahl von Märchen, Anekdoten und Geschichten wett, die zumeist auf Plattdeutsch überliefert sind. Auch manches Seemannsgarn wurde in den Wirtsstuben gesponnen.

Eine wahre Fundgrube ist das Büchlein Suur Supp mit Märchen von Fritz Fischer, das 1938 erschien und lange vergriffen und vergessen ist. Einen Schatz von lustigen Dorfgeschichten sammelte Alice Osse-Gosch aus Twielenfleth. In der dritten Meile bewahrten u.a. Wilhelm Mohr, Gustav Fock und Julius Quast die Überlieferungen für die Nachwelt. Klaus Köster beschrieb in seinen Altländer Skizzen viele Szenen, die einen tiefen Einblick in Sitten, Gebräuche und Mentalität der Altländer erlauben. Ich habe gesammelt, zusammengetragen und übersetzt. Wir alle stehen auf den Schultern unserer Ahnen. Ihnen gebührt der Dank. Ohne ihren Fleiß und ihre Heimatliebe hätte dieses Büchlein nicht erscheinen können.

Von jeher waren die Altländer gebildet und hatten Sinn für Kunst und Kultur; davon zeugen lateinische Inschriften in Schmuckgiebeln oder Prunkpforten und eine reiche Orgellandschaft, die ins Welterbe aufgenommen wurde. Sie sind fleißig, erfolgreich und geschäftstüchtig. Es wird auch gesagt, sie seien hartnäckig und *obsternatsch*. Dieser plattdeutsche Ausdruck bedeutet so viel wie starrsinnig, dickköpfig. Doch, ganz ehrlich: ohne einen gewissen Starrsinn hätten die Marschenbewohner den ständigen Kampf mit den Fluten nicht gewinnen können. Dass sie auch einen eigenen Humor und oft den Schalk im Nacken haben, beweisen die Geschichten, von denen einige hier für Gäste und Einheimische erstmalig ins Hochdeutsche übersetzt wurden. Darüber darf nicht vergessen werden, dass Plattdeutsch nicht nur die Umgangssprache einfacher Leute war, sondern auch die Sprache der Geschäftsleute und Verwaltungsbeamten, in der ernsthafte Angelegenheiten erörtert wurden.

Am besten überzeugen Sie sich selbst von der Schönheit des Obstparadieses und der Mentalität der Altländer. Vielleicht geht es Ihnen ja so wie mir und Sie verlieben sich in die Landschaft, die Kultur und die Menschen. Das würde mich besonders freuen, denn wer sich verliebt, der kommt bestimmt wieder. Oder bleibt für immer.

Cornelia Kenklies

Adel im Alten Land

In Francop gab es vier Adelsgüter, von denen eines an der malerischsten Stelle des Obstmarschenweges liegt. Im Gutsbrack spiegelt sich das zweigeschossige Fachwerkhaus, umgeben von hohen Bäumen. Besucher ahnen nicht, dass die Bracks Zeugen zerstörerischer Sturmfluten sind, die Deiche überfluteten, Strudel bildeten und bis zu 20 Meter tiefe Wasserlöcher hinterließen. Auf Gut Francop II lebte seit 1502 die Familie von Düring, die nach dem Dreißigjährigen Krieg die unruhige Schwedenzeit und im 18. Jahrhundert drei verheerende Sturmfluten miterlebte. Um diese geachtete Familie von Düring ranken sich zwei Sagen.

Der Wolf von Francop

Auf dem Edelhof zu Francop saß einst die Familie von Düring. Es war in der unruhigen Schwedenzeit im Jahre 1675. Damals brachen die Münster'schen Truppen ins Land. Bei Francop leisteten die Schweden Widerstand. In dem Feuergefecht geriet das Gutshaus in Brand. Der Gutsherr konnte nur mit Mühe sein Leben retten. Auf dem Pferd jagte er davon, begleitet von seinem Diener, der den vierjährigen Junker bei sich auf dem Sattel hatte. Neben ihnen her lief ein zahmer Wolf, der Spielgefährte des Knaben. Der Vater hatte ihn einst als kleines Tier von der Jagd aus dem Wald bei Bötersheim mitgebracht. Das Pferd des Dieners stürzte, der Diener brach sich das Genick. Der Knabe blieb besinnungslos liegen und wurde von fahrendem Volk*, das in jenen Zeiten den Heeren zu folgen pflegte, hilflos gefunden und mitgenommen. Der Gutsherr war weitergejagt, ohne den Sturz des Dieners zu bemerken. Als er zurückkehrte, blieb die mit dem Wolf unternommene Suche nach dem einzigen Sohn und Erben ohne Erfolg. Die Trauer des Vaters war groß. Wo sollte er den Sohn in der Kriegszeit suchen? Nach seinem Tod übernahm ein Bruder das Gut, der unverheiratet war und kinderlos blieb.

Nach Jahren kam das fahrende Volk wieder in die Gegend. Sie fingen Igel und brieten sie, erboten sich auch zum Flicken von Kesseln und anderem Geschirr. Die Bewohner wunderten sich, dass ein blonder junger Mann unter dem schwarzhaarigen Volke war.

Der Jüngling, der sich fremd fühlte unter dem wandernden Volk, sah verwundert das Land, die Häuser, den Deich, die Gräben. Erinnerungen an seine frühe Kindheit wurden wach. War er hier nicht aufgewachsen? Und als er gar auf den Gutshof kam, das alte Wappen mit den Widderköpfen sah, da wusste er: Hier hast du gespielt. Hier war

* Eine damals gängige, hier nicht diskriminierende Benennung für reisende Roma.

sein Elternhaus, nach dem er sich all die Jahre gesehnt hatte. Das sagte er dem alten Gutsherrn. Doch der verlangte Beweise. Natürlich wusste er, dass sein kleiner Neffe einst spurlos verschwunden war. Wohl hatte er davon gehört, dass fahrendes Volk mit einem blonden Jungen durch die Gegend zog – aber war dieser junge Mann wirklich sein Neffe? Schon wandte sich dieser zum Gehen – da lief ihm der alte zahme Wolf über den Weg. Er sprang an dem Jüngling hoch, leckte ihm die Hände, heulte vor Freude und war gar nicht zu beruhigen. Da zweifelte der Edelmann nicht mehr, dass sein Neffe sein Elternhaus wiedergefunden hatte. Er ging mit ihm zum Gräfen* und ließ ihn als seinen Nachfolger anerkennen. Nach seinem Tode übernahm der Neffe das Gut, das noch viele Jahrzehnte im Besitz der Familie blieb.

Der Junker ruft (I)

Im 17. Jahrhundert saß auf dem Gut Francop die Familie von Düring. Es war damals die Zeit großer Sturmfluten, die viel Leid über die Menschen brachten. Der Herr von Düring hatte mehrere Söhne. Sie widmeten sich gelehrten Studien, übten sich in Fechten und Reiten, hatten aber auch ihre Freude am Fischen und Jagen. Ihre

* Gräfe = oberster Verwaltungsbeamter

Jagdberechtigung umfasste ein großes Gebiet von der Elbe bis auf die hohe Geest, wo bei Fischbek und Neugraben viel Wald stand. Gern legten sie im nahen Elbarm Netze und Angeln aus oder stellten den Enten und Wildgänsen nach. Einst fand dabei ein Junker ein trauriges Ende.

Er war allein vom Gutshaus an die Elbe gegangen. Viele Wildgänse flogen schreiend ins Land. In seinem Jagdeifer merkte er nicht, dass die Flut schnell stieg und der Nordwestwind zum Sturm anschwoll, dass also eine Sturmflut heranrauschte. Ehe er sich's versah, war das Außendeichsland unter Wasser. Er eilte auf die hohe Furtstelle, von der die Überfahrt nach Finkenwerder stattfand und von der auch der Weg zum Deich ging. Dieser Pfad ist noch heute vor Blohms Hause vorhanden, die Überfahrt ist nach dem Blumensand verlegt.

Schon reichte das Wasser dem Junker bis unter die Arme. Er konnte weder vorwärts noch rückwärts, ohne befürchten zu müssen, von der Wucht der Wasserwogen weggerissen zu werden. In Angst und Not schrie er laut: »Hol über! Hilfe, Hilfe!« Aber weder der Fährmann jenseits der Süderelbe noch die Seinen vernahmen den Ruf; er verflog im Brausen des Windes.

Wohl waren die Seinen bei dem Toben des Unwetters in Sorge, doch hofften sie, er werde sich rechtzeitig in Sicherheit gebracht haben. Als aber Stunde auf Stunde verrann, da stieg ihre Angst, und groß war ihre Trauer, als man einige Tage nach der Sturmflut die Leiche des Junkers fand. Aber mit ihnen trauerten viele Marschbewohner, denen die Sturmflut auch Tod und Not gebracht hatte.

Von dem Orte her, wo der Junker umkam, vernahm man aber, so erzählt die Sage weiter, immer, wenn eine Sturmflut nahte, einen Schrei. »Hol über! Hol über!« Man sah niemanden, aber vielleicht hörte der geängstigte Mensch es aus dem Heulen des Windes herausklingen. Er sagte dann: »Der Junker ruft; die Flut läuft in den Außendeich.« Er glaubte, der Geist des toten Junkers wolle warnen. Und wer sich warnen ließ und rechtzeitig Heu und Korn oder Vieh zu bergen wusste, hat es nicht zu bereuen gehabt. Wenn aber der Junker rief, lief noch stets eine Sturmflut über das Land.

Sagen wurden von Generation zu Generation mündlich weitergegeben und veränderten sich beim Erzählen. Kein Wunder, dass oft mehrere Versionen kursieren. Eine zweite Variante der Sage schrieb der Finkenwerder Fischersohn und Schriftsteller Johann Kinau unter seinem Pseudonym Gorch Fock 1910 in Plattdeutsch auf. Hier wird die Geschichte aus der Perspektive des Fährmanns erzählt.

Der Junker ruft (II)

Auf der Graft im Alten Land, nicht weit von Moorburg, hat früher mal ein Fährmann gewohnt, der hat sich mit dem Junker überhaupt nicht vertragen können: Der Junker war großspurig und auch immer hinter dem Mädchen des Fährmanns her. Einmal hatte der Junker wieder auf der Weide gejagt und rief abends von der anderen Seite: »Hol über! Hol über!« Es war Flut, Springtide, und der Wind kam hart aus Westen. Der alte Fährmann aber saß hinterm Ofen und dachte: Ruf du, so viel du willst, ich hole dich nicht! Er hielt sich die Ohren zu und blieb sitzen, so sehr der Junker auch rufen mochte. Das Wasser lief immer höher auf und der Junker rief immer lauter: »Hol über! Hol über!!«

Aber der Alte ließ sich nicht erbarmen. Die halbe Nacht stand der Junker noch und rief – zuletzt stieg ihm das Wasser bis über den Kopf und er musste ertrinken. Von der Zeit an wurde der Fährmann trübsinnig und kümmerte sich um seine Belange bald gar nicht mehr, sondern irrte immer nur herum.

Bloß wenn es abends von Westen anfing zu wehen und dabei Flut war, dann wurde er lebendig, dann haben sie ihn nicht halten können. Er lief herum, packte die Sache mit großem Willen an und rief immerzu: »Hol über! Der Junker ruft!« Und stürmte zu seinem Kahn, wollte los und den Junker holen. An einem Abend konnten sie ihn nicht zurückhalten und da ist er bei seiner Suche nach dem Junker in der Elbe ertrunken.

Wenn es abends hart aus Westen weht, heißt es zu beiden Seiten der Süderelbe noch bis heute bei den alten Leuten: »Hör! Der Junker ruft!«

Deichbau und der Blanke Hans

»Wer nicht will deichen, der muss weichen«, so gilt es an der Küste. Der Kampf gegen die Fluten ist nur durch eine gewaltige Gemeinschaftsleistung zu leisten. Im Alten Land war der Deich in Abschnitte, sogenannte »Kabel« eingeteilt. Jeder, der ein Haus errichten oder ein Stück Land bewirtschaften wollte, bekam seine Kabel zugeteilt, musste den Deich mit erbauen und in Ordnung halten. Anderenfalls drohten drastische Strafen oder sogar die Enteignung.

Der Zustand der Deiche wurde durch regelmäßige Deichschauen vom Deichrichter und seinen Geschworenen überprüft. Wie die Hollerner mit List einen säumigen schwedischen Beamten dazu brachten, seine Deichpflicht zu erfüllen, erzählt die nächste Sage.

Die schwedische Deichwacht

Vor dreihundert Jahren war der König von Schweden Herzog des Landes Bremen-Verden. Da saß in Hollern auf Gut Brook ein hoher schwedischer Beamter; er hatte über 400 Morgen Land, aber um die Pflege des Deiches kümmerte er sich nicht.

Da erhielt er vom Deichrichter in Twielenfleth eine Auflage, aber er lehnte sie ab: »Das Bauerngericht geht mich nichts an; ich unterstehe dem Hofgericht in Stade. Der Deich vor meinem Land ist mein Eigenturm: Kein Deichrichter hat hier die Schau zu halten.« Als nun der Termin der Vorschau angezeigt war, stellte der Herr vom Brook eine schwedische Schildwache auf seinen Deich, die der Vorschau den Weg versperrte.

Dann war Hauptschau. Die Bauern von Twielenfleth ritten hoch zu Ross und kamen so zum Brooker Deich; wieder wollte eine Wache den weiteren Weg sperren – aber der Deichrichter ließ vor den Gewehren halten und sprach zu den Soldaten: »Jungs, macht keine Dummheiten. Ihr begeht hier Deichfrevel. Dem Deichfrevler aber wird nach altem Recht die rechte Hand abgeschlagen; die Strafe ist sofort zu vollstrecken.« Da stutzten die Wachleute. Und ehe sie sich's versahen, gab der Deichrichter das Kommando: »Vorwärts!« Die Bauern ritten los, und die Soldaten bekamen es mit der Angst, flohen rechts und links vom Deich und ließen die Gewehre liegen.

Der Deichrichter aber erklärte: »Die Gewehre sind Strandgut; sie gehören der höchsten Herrschaft.« Er ließ sie auf einem Wagen nach Jork fahren zum Gräfen. Der Gräfe aber – ein Twielenflether Jung – lachte: »Das hat der Deichrichter recht gemacht, ich werde es nach Stade berichten.«

So wahrte man in Twielenfleth Deichrecht und Deichpflicht.

Nicht alle Menschen leben hinter schützenden Deichen, einige wohnen auch »butendeichs«, im Vorland außerhalb des Deiches. Bei schweren Sturmfluten mit Orkan aus Nordwest sind sie besonders gefährdet. Zur Warnung der Einwohner werden bis heute akustische Signale in Form von Böllerschüssen genutzt, zum Beispiel am Stintfang in Hamburg. Die Flutkanonen am Stader Schwedenspeicher wurden zuletzt bei der großen Flut 1962 gezündet.

Mieken Borchers

Mieken Borchers, von allen Leuten Mieken-Mutter genannt, wohnte in der kleinen Kate bei der Viersielenschleuse im Außendeich. Sie war eine alte Witwe und schlug sich kümmerlich durchs Leben. In ihrer alten Kate sah es ziemlich armselig aus: ein Tisch, eine Bank, die Schlafbutze und eine riesengroße Truhe. Die ganze Kate bestand nur aus einem Raum. Über eine kleine Hühnerleiter ging es auf den Boden. Bei gutem Wetter saß Mieken auf einem großen Hackklotz vor der Tür und rauchte ihre Pfeife. Was die Leute dazu meinten, war ihr egal. Sie rauchte wie ein altes Backhaus.

Als wir Jungen mal wieder unterwegs waren, sagte der kleine Jan Muhr: »Wisst ihr schon das Neueste? Mieken-Mutter hinterm Deich raucht Pfeife.«

»Du spinnst wohl«, sagten wir alle. Aber wir dann gleich mit alle Mann übern Deich! Und richtig: Mieken saß da auf dem Hackklotz vor der Tür und rauchte! Die alte Mieken hatte uns Jungen bös auf dem Kieker; wir ärgerten sie zu viel. Sie drohte auch gleich mit dem Finger und rief: »Was wollt ihr Brüder denn schon wieder anstellen? Sicher nichts Gutes.« Wir drehten Mieken lange Nasen und kniffen aus, Mieken mit einem Stück von der Mistforke hinter uns her.

Einmal im Oktober stürmte es aus Nordwest. In Hamburg hatten sie vom Stintfang schon ein paarmal geschossen. Die Bauern trieben das Vieh über den Deich in Sicherheit. Hannis Limmann klopfte bei Mieken an und sagte: »Du solltest besser machen, dass du über den Deich kommst, es gibt eine Menge Wasser. Sonst treibst du noch weg mit deiner kleinen Kate.«

»Och«, sagte Mieken, »mit mir hat es noch lange Zeit.« Das Wasser stieg immer höher und lief schon über den Außendeich. Aber keiner hatte gesehen, dass Mieken an den Hauptdeich gekommen war. Der Schiffer Jan Bundt hatte seinen Kahn am Deich. Kaufmann Hinnik Witt sagte zu ihm: »Wir wollen die alte Frau man holen.« Sie sprangen in den Kahn und schipperten los. Mit aller Kraft kamen die beiden bei der Kate an. Das Wasser stand schon ziemlich hoch in Miekens Stube, aber von Mieken keine Spur.

Da sagte Hinnik Witt: »Wir wollen noch mal auf dem Boden nachsehen.« Sie krabbelten nach oben. Da war sie auch nicht. Da meinte Hinnik Witt: »Wenn sie denn nicht mehr da ist, dann lass uns wenigstens noch die alte Truhe mitnehmen.« Gesagt, getan. Als sie bei dem Boot ankamen, war das Ding zu groß. »Och«, schlug Jan Bundt vor, »der alte Kasten ist ja dicht, den hängen wir hinten dran.« Das taten sie denn auch und schipperten zum Deich zurück. Oben auf dem Deich hatten sich schon viele Menschen versammelt. Sie halfen nun alle, die große Truhe an Land zu bringen. Als sie sie aber hinstellten, da fing es da drinnen an zu spektakeln, als wenn der Teufel drinsäße. Und als sie den Deckel öffneten, da saß die alte Mieken-Mutter darin und sagte vergnügt: »Nun bin ich ja doch noch mit trockenen Füßen an den Deich gekommen.«

Das Hochwasser hatte Miekens Kate böse zugesetzt, aber Mieken hat doch noch ein paar Jahre darin gewohnt. Zuletzt kam sie nicht mehr an den Deich. Hannis Limmann und Hinnik Witt gingen einmal hin und fanden sie krank im Bett. Sie schickten ihr warmes Essen hinüber, aber es wollte Mieken nicht mehr recht schmecken. Sie war wohl schon halbwegs am Sterben. Dann haben die beiden dafür gesorgt, dass sie nach Buxtehude ins Krankenhaus kam. Da ist die alte Mieken-Mutter auch bald gestorben.

Vom Teufel

Der Deich

Der Teufel hatte mit seiner Großmutter mal wieder tüchtig Streit. Sie hatte ihm mit dem großen Feuerbesen ins Kreuz geschlagen und dann aus der Hölle gejagt. »Du fauler Knecht«, keifte sie ihm hinterher. »Sitzt hinterm Ofen und schläfst. Du solltest mal lieber ein paar Seelen für die Pfanne zusammensuchen.« Zuerst schimpfte der Teufel ordentlich, als ihm aber das Kreuz nicht mehr weh tat, dachte er: »Das alte Weib hat vielleicht recht, ich bin ja schon lange nicht mehr unter den Menschen gewesen.«

Dann sprang er mit Heiho und Hohei über Heide und Geest zum Alten Land. Als er den Elbdeich zu fassen hatte, bölkte er: »Deich, du sollst mein Bruder sein, dich haben die Menschen auch mit den Füßen getreten. Wir wollen die Marsch absaufen lassen.« Der Deich aber entgegnete: »Ich will nichts mit dir zu tun haben, Teufel. Die Menschen sind mir gut, sie glauben an mich. Du bist ein schlechter Teufel, geh mir aus dem Weg.« Da rief der Teufel: »Ich will dir zeigen, wer der stärkere ist, du oder ich.« Er lief am Deich entlang und grölte: »Der Deich muss brechen, die Marsch soll absaufen.« Das hörte der Sturm, der gerade faul unter den Wiesen lag. Schnell sprang er auf die Beine und rief: »Teufel, da bin ich dabei!« Der Teufel schlug dem Sturm auf die Schulter. »Menschen und Vieh, Haus und Hof sollen unser Spielzeug sein, hohei, hoho!« Dann zogen Teufel und Sturm mit Gebrüll den Deich entlang und der Deich dachte: » Das wird eine schwere Nacht.«

Als die Flut kam, fing der Sturm an zu heulen und trieb das Wasser höher und höher gegen den Deich, riss an den Bäumen und jagte um die Häuser. Der Teufel sprang hinterdrein und schrie:

»Der Deich soll brechen, der Deich muss brechen, die Marsch soll absaufen.« Der Deich hatte es nicht leicht. Von den Altländer Kirchen riefen die Glocken und alle Leute kamen angelaufen, dem Deich zu helfen.

Selbst unser Pastor Lüning schleppte Sandsäcke heran und als ihn jemand fragte, ob er nicht beten wolle, antwortete er: »Gewiss will ich beten, aber erst muss ich handeln, damit der Deich hält.« Manchmal sah es aus, als wolle er brechen, der Deich, aber er dachte: »Nicht nachlassen und nicht bange werden.« Als der Morgen kam, war der Sturm müde und er gab das Spiel auf. Der Teufel aber schimpfte: »Was für eine Schande, erst reißt der Knecht das Mundwerk auf und dann lässt er mich sitzen.«

Mit hängenden Ohren machte sich der Teufel wieder auf den Weg in die Hölle. Seine Großmutter stand schon hinter der Tür und wartete auf ihn. Wütend wie sie war, stülpte sie ihm gleich einen großen Eimer mit Höllenfeuer über den Kopf und schrie: »Wie kann das angehen, lässt dich von dem Menschenpack und ihrem Deich übertölpeln.«

Die Altländer Bauern aber standen hoch auf dem Deich und Pastor Lüning sagte: »Lasst uns beten.«

Stuufstert

Hinnick Slieker hatte es zuerst gar nicht gemerkt. Seine kleine Schlafkammer lag nach Osten. Der erste Sonnenstrahl, der übern Deich sprang, fiel sonst immer auf sein Bett. »Ih«, dachte Hinnick Slieker, »der Hahn hat schon gekräht, hell ist es auch schon. Wo bleibt die Sonne?« Als er über die Schwelle trat und um sein Haus ging, machte er große Augen.

Die Sonne ging im Westen auf! Wie ein roter Feuerball kam sie hinter den Bäumen heraus. Da ging Hinnick Slieker zu seinen Nachbarn und fragte, ob sie das schon gesehen haben. »Das hat was zu bedeuten!«, riefen die Leute.

Da kam Jan Prick am Deich längsgerannt. Richtig aus der Puste war er. Und Jan Prick erzählte, in Steinkirchen liefe die Kirchenuhr rückwärts. Der Pastor hatte schon in der Bibel gelesen. Das hatte aber auch keine Hilfe gebracht. Dann hatte der Kirchendiener die Glocken geläutet. Da wäre Tanzmusik vom Turm gekommen.

Hannes Husen stieg den Deich rauf und guckte verbiestert aus den Augen. »Nein, sowas«, sagte er und wischte sich die Schweißperlen vom Kopf. »Was ist denn?«, fragten die Leute. »Die Schafe wollen nicht auf die Wiese«, sagte Hannes Husen, »stehen alle auf der Diele und rufen: »Mää, wir wollen keine Schafe mehr sein.«

Der Bäcker lief den Deich entlang: »Ich gebe das Brotbacken auf«, sagte er. »Alles, was ich in den Ofen schiebe, werden schiefe Schnauzen mit Zipfelmützen.« Und der Schiffer kam dazu und sagte: »Es sollte schon längst auflaufendes Wasser sein. Die Lühe liegt immer noch trocken.«

Adelheid Bremer pustete heran: »Habe ich selbst gesehen«, rief sie. »Adebar, der Storch, geht auf der Straße spazieren und die Frösche sitzen ihm auf dem Rücken. Und Adebar ruft: Heute sollen die Frösche auf dem Thron sitzen!«

Und als die Frauen das Essen aufs Feuer stellten, wollte es gar keine Glut geben. Das Feuer war eiskalt. Und die Klöße froren in den Töpfen fest. Da wusste niemand mehr, was los war.

»Was sagt denn Bartelt Fek?«, überlegten die Leute. Bartelt lag in seiner Kammer und schlief.

Als sie an die Tür klopften, rief er: »Was ist los?« Und als sie ihm alles berichtet hatten, sagte er: »Was fällt dem Knecht denn ein?«

»Welchem Knecht?«

»Den Teufel meine ich«, rief Bartelt.

»Den Teufel? Herrgott, steh uns bei!«

Da griente Bartelt und sagte: »Beten hilft euch nix. Ihr müsst Axt und Forke nehmen und den Teufel aus dem Land jagen.«

»Wo sitzt er denn?«

»Da, wo er was gewinnen kann.«

Da nahmen die Bauern Äxte und Forken und suchten den Teufel. Der Teufel saß in Steinkirchen im Wirtshaus und spielte Karten. Und gewann immer! Saß mit dem Rücken gegen die Wand, dass niemand den Schwanz sehen konnte. Den Pferdefuß hatte er unter die Bank gesteckt. Da kamen die Bauern den Deich entlang und grölten. Als der Teufel die Äxte und Forken sah, dachte er: »Nun wird es Zeit für mich.« Zu seinen Kumpels sagte er, es ginge ihm nicht gut, er müsste mal ins Häuschen mit Herz. Als er über die Wiese zum Häuschen ging, kriegten ihn aber die Bauern zu sehen.

»Da läuft der Teufel«, riefen sie und rannten alle hinter ihm her. Junge, was konnte der Teufel laufen! Um das Häuschen, über die Wiesen, den Deich entlang und die Deichtreppe runter! Und die Bauern mit Gegröle hinterdrein. Bei Bäcker Holst um die Ecke, übern Kirchhof rüber und dann bei Rieper übern Hof. Junge, was war das für eine Reise! Die Bauern immer hinterdrein! Durch den Hof sauste der Teufel und sprang über Gräben und Weidenköpfe. Hinter der Wettern* hatte ihn Hinnick Slieker fast zu fassen. Aber der Teufel sprang wie ein Eichhörnchen durchs Kraut. Da schmiss Jan Prick ihm die Axt hinterher, traf den Teufel am Schwanz und hieb ihm einen kleinen Stummel ab.

* Hauptentwässerungsgraben im Alten Land.

»Hihihi hihi«, schrie der Teufel, »nun bleibe ich immer im Alten Land! Hihi!«

Die Bauern standen alle um Jan Prick herum. »Wo ist denn das Stück Schwanz geblieben?«, fragten sie und suchten die Erde ab.

»Muss ja bei der Axt liegen«, sagte Jan Prick.

Aber neben der Axt lag kein Schwanzstück mehr. Das hatte schon Wurzeln geschlagen. Da wuchs ein kleines Kraut, das hatte bisher keiner gesehen. »Reiß das aus!«, rief Hinnick Sliker. Jan Prick riss es aus, die Wurzel blieb aber in der Erde stecken. Schlug auch an sieben Stellen zugleich wieder aus. »Ersäuf das Teufelskraut«« rief Hinnick Slieker. Da warf Jan Prick das Kaut in den Graben. Aber es schwamm obenauf, ging nicht unter und wuchs weiter.

Es schlug überall aus, wucherte über das ganze Land. Saß zur Ernte tief im Korn. Was gaben sich die Bauern für eine Mühe, das Kraut wieder loszuwerden. Sie rackerten sich böse ab, aber das Teufelszeug brach beim Ausreißen stumpf ab und wuchs immer weiter. Den Teufel haben die Altländer aus dem Land gejagt, aber sein Schwanzstummel ist geblieben. Und die Leute sagen: »Unkraut vergeht nicht, und *Stuufstert** ersäuft nicht.«

* Wörtlich Stumpfschwanz, hochdt. Ackerschachtelhalm.

Obstparadies

Märchen aus dem Alten Land

»Ich kenne ein wunderbares Land! », sagte der dicke Starenkönig zu seiner Gemahlin und wischte sich den Schnabel, »was wir uns nur wünschen können, gibt es da in Hülle und Fülle: Kirschen, Äpfel, Erdbeeren, Birnen, Zwetschen, Himbeeren, Pflaumen, Johannisbeeren, und was weiß ich alles!«

»Dann lass uns dahin fliegen!«, erwiderte die Frau. »Das ist noch nicht alles«, zwitscherte der dicke Starenkönig vergnügt, »man heißt uns dort aufs herzlichste willkommen und entbrennt unseretwegen ein wahres Feuerwerk«, und er warf sich dabei in die Brust. »Dann lass uns dahin fliegen!«, erwiderte die Frau. »Und alle anderen müssen auch dieses gelobte Land sehen«, schwärmte der dicke Starenkönig. »Dann lass uns alle dahin fliegen!«, erwiderte die Frau.

Und so brach der Starenkönig mit seinen gewaltigen Heerscharen aus dem tiefen Süden auf. Und sie flogen immer nur nach Norden, jeden Tag nach Norden, bis sie in das wunderbare Land kamen.

Und es war alles, wie der dicke Starenkönig es vorausgesagt hatte: An der Grenze wurde er mit seinem ganzen königlichen Gefolge herzlich willkommen geheißen; man krachte Böller ab, tutete auf Hörnern, schrie lauthals, setzte Klappermühlen und Sirenen in Gang, schwang die Rasseln und huldigte ihm mit jedem Gerät, das Lärm im Leib hat! Dem dicken Starenkönig schmeichelte der Empfang, und er verkündete weit und breit: »So wird es nicht nur am ersten Tag sein, liebe Leute, hierzulande versteht man zu feiern! Es ist geradezu erstaunlich, wie ausdauernd man zu feiern versteht!«

»Mich stört es ein wenig«, flötete eine junge Zofe aus dem Hofgefolge des Königs, »die Huldigung klingt fast ein wenig aufdringlich!«

»Nichts da!«, entschied der dicke Starenkönig, »je herzlicher die Freude, desto dröhnender schallt sie. Das ist nun einmal bei den Menschen so, unsere feine Art zu flöten kennen sie nicht. Aber nun fallt in die Kirschen ein und lasst es euch munden!« Das ließen sich der Hofstaat und die ganze Heerschar nicht zweimal sagen, und mitten zwischen den Böllern und ausgesteckten Lappen ließen sie sich in die Kirschen nieder und hackten und pflückten und spießten sie mit spitzen Schnäbeln auf, dass sich ihre Brust rot von Kirschblut färbte. »Köstlich! Köstlich!« schmatzte der dicke Starenkönig. – Rambams! krachte da unter ihm ein gewaltiger Böller los, so dass er unwillkürlich sein linkes Auge zukniff und sich ein wenig erleichterte. Aber ein König findet schnell seine Haltung wieder. »Fliegt doch nicht gleich weg, da reißt's mich ja mit!«, schalt er sein Volk, sie heißen uns in diesem Jahr besonders herzlich willkommen!« Und so fielen die Heerscharen von neuem in die Bäume und taten sich gütlich und schmatzten den ganzen Tag. »Wann hört denn das schreckliche Gedröhne auf?«, fragte die Zofe leicht verzagt. »Wenn man uns genügend gefeiert hat«, schmatzte der dicke Starenkönig, »das geht so über Wochen, und erst, wenn die letzte Kirsche vom Baum ist, stellen sie die Begrüßung ein, und dann ziehen wir weiter. Sie sollen nicht sagen, wir verstünden nicht auch etwas von noblen Gepflogenheiten!«

»Dann solltet ihr den Menschen in diesem wunderbaren Land aber auch eine Freude bereiten«, zwitscherte eine Amsel, die sich mit ihresgleichen in dem riesigen Starenpulk fast verloren vorkam und sich deshalb an ihren süßen unüberhörbaren Melodien ein wenig festhielt. »Das versteht sich!«, schmatzte der dicke Starenkönig, »aber womit können wir sie erfreuen? Wir singen nicht so melodisch wie ihr, liebe Nichten, Neffen, Kusinen und Basen! Eher pfeifen wir wie die Stallknechte. Womit können wir sie erfreuen?«; Und er kratzte sich mit dem linken Zeh hinter dem rechten Ohr, das tat er selten und nur, wenn er nachdachte. Was aber ein Starenkönig ist, dem fällt schon etwas Rechtes ein: »Setzen wir uns dort auf die Telefondrähte, die sie extra für uns gespannt haben, und bilden wir mit unseren Leibern eine Melodie, denn die meisten Menschen sollen lesen können. Setzt euch alle auf die Drähte!«, befahl der dicke Starenkönig.

Und so geschah es, und der Starenkönig dirigierte den einen aus seinem Gefolge einen Draht höher, den anderen einen oder zwei Drähte tiefer, wie es gerade hübsch aussah. Zu einem dritten sprach er gar: »Plustre dich auf, Jakob, du bist eine halbe Note!«, und erntete etliches Kopfschütteln darüber, dass ein besonders dicker nur halb zählen und zwei zusammen erst ein Ganzes ergeben sollten.

Das waren wohl königliche Launen! Die Hymne war aber noch nicht ganz fertig, und etliche Stare fehlten noch als Notenköpfe auf den Telefondrähten, da krachte, bumste, pfiff und jaulte ein Höllenkonzert unter ihnen los, wie es ihnen noch nie um die Ohren geschlagen war, und sie erhoben sich alle in den Himmel.

»Ein Jammer«, meinte der dicke Starenkönig, »dass überall nur wenige so recht die Kunst zu würdigen wissen« – und wetzte sich den Schnabel.

Starenkönig, hilf!

Einmal gab es im Alten Land eine große Not. Sturm und Wasserfluten hatten riesige Löcher in die Deiche gerissen und lange Zeit stand das schöne, fette Land unter Wasser. Als es aufs Frühjahr zuging, ließ sich das Wetter gut an. Die Bäume hatten fein geblüht und tüchtig angesetzt.

»Wenn bloß die Stare nicht so doll in die Bäume einfallen«, sagten die Leute, »dann kriegen wir wohl eine gute Ernte und wir kommen über die schlechten Zeiten.«

Das hörte eine alte Landstreicherin, die am Deich entlang humpelte und die erzählte, dass hinter Buxtehude, tief in den schwarzen Tannen, eine *Spökenfro** wohnte, die wohl etwas tun könnte, damit die Stare nicht so einen großen Schaden anrichteten.

Da berieten sich die Altländer und sagten: »Dann lass man Trine Nodop mal nach Buxtehude laufen, die hat sowieso immer Gesichte**.« Das tat Trine Nodop. Sie zog ihre Sonntagstracht an, die schwarze Samtjacke mit den silbernen Knöpfen und der großen Halskette, nahm ihr altes Gesangbuch untern Arm und dachte: »Nun

* Wörtlich: Spukfrau, hochdt. etwa weise Frau oder Zauberkundige.

** Erscheinungen.

komme ich wohl ohne Herzklopfen durch die schwarzen Tannen.«

Als Trine Nodop bei der *Spökenfro* ankam und erzählte, was ihr auf dem Herzen lag, sagte die: »Ich soll euch Altländern helfen? Euch, die ihr nichts für die trockene Geest übrig habt!« Trine Nodop erwiderte, es sollte auch nicht an Talern fehlen. Die *Spökenfro* antwortete: »Taler sind Teufelskinder!« Sie sollte ihr man jede Woche einen Korb mit Eiern und Mettwurst und in der Kirschenzeit eine Kiepe schöne, schwarze Herzkirschen bringen. Dann sollte das wohl gut sein. Das versprach Trine denn auch.

Da nahm die *Spökenfro* Trine Nodops Hand und strich darüber. Das zog Trine bis in die Zehen. Und dann guckte die *Spökenfro* Trine tief in die Augen und sagte: »Nun geh man wieder ins Alte Land. Kommen die Stare, so lauf in den Hof, klatsch in die Hände und ruf: ›Starenkönig, hilf!‹«

Da lief Trine Nodop ins Alte Land zurück. Als sie durch die schwarzen Tannen kam, klopfte ihr doch das Herz. Sie konnte die Augen der *Spökenfro* nicht vergessen.

Als nun die Kirschenzeit kam und die Bauern alle anfingen, die großen Leitern in die Bäume zu setzen, da kamen auch die Stare. Als große schwarze Wolke kamen sie an und fielen in die Bäume ein. Da lief Trine Nodop schnell in den

Hof, klatschte in die Hände und rief: »Starenkönig, hilf«!

Auf einmal kamen all die Stare auf Trine Nodop zugeflogen. Um sie herum nichts als Stare. Und ein Star flog Trine auf die Schulter, der hatte eine kleine, feine Krone auf dem Kopf. Das war der Starenkönig. Und er sagte zu Trine: »Du hast mich gerufen, was soll ich tun?« Da antwortete Trine Nodop: »Wir haben große Not im Alten Land gehabt. Wir bitten euch, dass ihr nicht so doll in die Kirschenbäume einfallt. Wir möchten gern eine gute Ernte haben, dass wir wieder übern Berg kommen.«

»Jipp, jipp«, rief der Starenkönig, »du bist hinter den schwarzen Tannen gewesen, bei der *Spökenfro*, jipp, jipp, so muss ich wohl helfen. Aber gern tue ich das nicht. Jipp, jipp. Die Kirschenbäume hat unser Herrgott in die Welt gebracht. Sind nicht bloß für euch da! Jipp, jipp. Was verjagt ihr uns immer? Was schießt ihr nach uns? Was bratet ihr uns in der Pfanne und leckt euch alle zehn Finger nach uns? Jipp, jipp.«

Da antwortete Trine kleinlaut: »Starenkönig, wir müssen das ja tun. Wir müssen die Kirschen ja zum Markt bringen. Und da müssen sie glatt und makellos und nicht angefressen sein. Aber das mit dem Schießen und In-der-Pfanne-braten will ich meinen Landsleuten sagen.«

»Jipp, jipp«, rief der Starenkönig, »lass es nach, da ändert sich nichts. Ihr Menschen habt das Geld erfunden und das bringt euch alle ins Unglück. Aber dieses Mal will ich euch helfen, dieses Jahr lasse ich euch zufrieden.« Da gab der Starenkönig seinem Volk ein Zeichen und unter einer Menge Geschimpfe und jipp, jipp flogen die Stare auf und ließen sich das ganze Jahr nicht wieder sehen.

Trine Nodop brachte Woche für Woche Eier und Wurst nach der Geest zu der *Spökenfro*. So kamen die Altländer über die schlimmen Zeiten.

Als aber im nächsten Jahr die Stare wieder wie toll in die Bäume einfielen und Trines Rufen »Starenkönig, hilf!« nichts nützte, da verjagten die Altländer wieder die Stare, und da schossen sie auch wieder nach ihnen, brieten sie in der Pfanne und leckten sich alle zehn Finger danach. Und Trine Nodop sagte: »Nun kann die *Spökenfro* sehen, wo sie Eier und Wurst herkriegt.«

Pflücker

Das Kirschenpflücken ist keine schwere Arbeit, aber wer es nicht versteht, soll es lieber bleiben lassen, denn manch einer ruiniert mehr dabei, als er einbringt. Und doch werden in der Kirschenzeit im Alten Land allerlei fremde Arbeiter zum Pflücken angeheuert, weil die reifen Kirschen möglichst schnell von den Bäumen müssen. Und wenn auch alle Hände mit anfassen, ist um diese Zeit mehr Arbeitskraft nötig, als in der Umgebung aufzutreiben ist. Darum kommen dann auch immer arbeitslose Gesellen angereist, die sich schnell ein paar Mark verdienen wollen. Sind komische Kerle dabei.

Da hat die alte Tante Liese mal einen gehabt, für einen halben Tag. Morgens hat er angefangen und mittags hat sie ihn schon wieder rausgeworfen und noch eine Reichsmark hinterhergeworfen, die er aber ganz gewiss nicht verdient hat. Dieser Mann war überklug, er wollte eine neue Mode einführen und die Altländer das Pflücken lehren. Als er auf der Leiter stand, riss er einfach, anstatt die Kirschen ordentlich abzupflücken, die ganzen Zweige ab und als die Kiepe voll war, schüttete er sie unterm Baum aus. Als er einen tüchtigen Haufen zusammen hatte, setzte er sich daneben hin und pflückte die Kirschen von den Zweigen und meinte, dieser Ort wäre doch viel gemütlicher, als da oben auf der Leiter zu stehen. Das könnte er auch nicht lange aushalten, er hätte sowieso nicht richtig Halt in den Beinen. Der Junge, der die Kiepen aus dem Hof holte, machte ihn darauf aufmerksam, dass genau an diesen Zweigen im kommenden Jahr die Kirschen wachsen würden. Aber der Pflücker ließ sich nichts erzählen, er wusste das besser und meinte, der Baum wäre noch groß genug, da könnten im nächsten Jahr noch genügend Kirschen dran wachsen. Und diese Zweige gäben noch ein gutes Viehfutter ab. Die Schafe kamen nämlich gerade und fingen an, daran zu fressen. Der Junge lief nach Hause und erzählte Liese das mit der »neumodischen« Pflückerei. Die raste gleich in den Hof und gab dem Kerl den Laufpass.

Jakob und Marie hatten auch einmal so einen fremden Wandersmann als Pflücker angenommen. Drei Tage hat der Mann gut gearbeitet. Der vierte Tag fing aber mit starkem Regen an. Da fragte er Marie, ob sie nicht einen alten Regenschirm für ihn hätte. Marie, die einen gesunden Humor besaß, gab ihm denn auch so ein altes halbzerschlissenes Ding mit. Der Mann ging in den Hof und bestieg mit dem halbaufgespannten Schirm die Leiter, und als er hoch genug war, spannte er ihn vorsichtig zwischen den Zweigen auf, und fing unterm Regenschirm an zu pflücken. Als er aber nachher runter stieg, konnte er das Ding nicht wieder mitkriegen, denn zusammenklappen ließ er sich zwischen all den Zweigen nicht mehr. Der Schirm blieb im Kirschbaum hängen, zum allgemeinen Vergnügen. Das ist nun schon über fünfzig Jahre her, aber ich glaube, solange der alte Kirschbaum gelebt hat, ist auch das Schirmgerippe in ihm hängen geblieben.

In der Kirschenzeit werden im Alten Land allerhand alte Jacken, Hosen, Kleider, Hüte und ausgestopfte Lumpenkerle in die Bäume gebaumelt, damit die Stare Angst bekommen, die sonst all die Kirschen anpicken und runterwerfen. Ein Wanderer, der sowas noch nie gesehen hatte, war mit dem Dampfer aus Hamburg gekommen und fragte bei einem Bauern um Arbeit nach. Da er einen guten Eindruck machte, nahm der Bauer ihn auch gleich an. Nach einem deftigen Mittagessen zeigte ihm der Bauer den Hof, gab ihm eine Kiepe mit Pflückerhaken und sagte ihm, dort wo die große Leiter am Baum stehe, gleich anzufangen. Der Wanderer stieg dann auch mutig auf die Leiter. Er warf einen Blick nach oben in den Baum, da wurde er mit einem Mal kreideweiß um die Nase und lief mit zitternden Beinen wieder zurück ins Haus, wo die Frau noch in der Küche herumwirtschaftete. Er sackte vor ihren Füßen zusammen und konnte kaum die Wörter stammeln: »Frau Meisterin, in dem Kirschbaum oben, da hat sich einer erhängt!« Die Frau merkte gleich, woher der Wind wehte. Sie ließ den Kerl erstmal wieder zur Besinnung kommen und ging dann mit ihm in den Hof, wo sie ihm noch viele andere zeigen konnte, die in den Bäumen herumhingen. »Och«, meinte die Frau, »wenn die alten Stare doch auch alle so eine Angst kriegen würden wie du, dann wären wir bald von der Plage befreit.«

Schabernack

Dass Vogelscheuchen durchaus zweckentfremdet wurden, davon berichtet die nächste Geschichte.

Die Vogelscheuche

Jan Heinsöhn war mit seinem kleinen Boot immer ziemlich penibel. Es lag meistens frisch geschrubbt und geteert hinterm Deich, und nichts konnte ihn schlimmer aufregen, als wenn die Jungen darin am Toben waren. Mit ihnen stand er deswegen auch ständig auf dem Kriegsfuß. Wer sich aber viel mit solchen Jungen einließ, der hatte meistens keine Ruhe vor ihnen. Sie spielten ihm einen Schabernack, wo sie bloß konnten.

Einmal, zur Kirschenzeit, hatten Peter Wohlen und Hinnick Gies sich eine alte Vogelscheuche aus dem Baum geholt. Die schmückten sie mit einer Maske und einem alten Hut und stopften ihm noch die Jacke und besonders die Ärmel recht fest voll Stroh. Dann ließen sie Jans Boot ins Wasser, setzten diesen Kerl hinein, banden ihm die Riemen an seinen Ärmeln fest und stießen das Boot ab. Als es schon ein ganzes Ende abgetrieben war, gingen sie über den Deich und riefen: »Jan, da fährt ein Kerl mit deinem Boot weg!« Jan, der gerade vorm Spiegel stand und sich den Bart rasierte, warf das Rasiermesser weg und lief in heller Aufregung, mit dem ganzen Seifenschaum im Gesicht, nach draußen. Er kam aber erstmal nicht weiter als bis zur Gartenpforte. »Verdammt noch mal«, grölte er, »wer hat mir bloß die Pforte zugebunden?« Ohne sich lange zu besinnen, machte er ein paar Schritte nach links und sprang über den Graben, der sein Grundstück von der Straße trennte. Einer von seinen Lederpantoffeln fiel ihm dabei ins Wasser. Mit dem anderen raste er in voller Fahrt über den Deich.

Jawoll, da saß ein Kerl in seinem Boot und war damit schon so weit vom Land weg, dass er ihn eben noch rufen konnte. »Höö!«, grölte Jan. »Was willst du da in meinem Boot? He, Sie da! Das ist mein Boot, kehren Sie wieder um, ich will Sie auch hinüberbringen, wenn Sie auf die andere Seite wollen.« Doch der Kerl kümmerte sich nicht um Jan, er tat, als wenn er das gar nicht gehört hätte. Rudern tat er auch nicht, er ließ sich ganz gemächlich treiben, ohne sich überhaupt bloß umzugucken. Das war Jan denn doch ein bisschen zu viel. Er fing an zu schimpfen: »Du Satansbraten! Wenn du nicht gleich mein Boot wieder hierherbringst, dann kannst du aber was erleben. Ich heiße Jan Heinsöhn und lasse mich noch lange nicht von so einem Spinner wie dir zum Narren halten.«

»Jan«, sagte Hinnick, »ich glaube, das ist ein *Quiddje**, der kann überhaupt nicht rudern, er scheint auch ziemlich betrunken zu sein, kann eben noch auf den Beinen stehen.« Als Jan einsah, dass all sein Schimpfen auch nichts nützte, ging er, so wie er war, mit dem eingeseiften Gesicht und dem einen Pantoffel zum nächsten *Stack***, machte da eins von den Booten los und ruderte dem Kerl nach. Die beiden Jungen legten sich an die Binnenkante vom Deich, lugten hin und wieder mal mit hinüber und wollten sich kaputtlachen. Als Jan aber mit den beiden Booten wieder an Land kam, kniffen sie schnell aus, denn nun wussten sie, es gab Ärger.

In der folgenden Geschichte kommen gleich mehrere Altländer Besonderheiten zur Sprache. Im Alten

* Fremder

** Rechtwinklig zum Ufer verlaufender kleiner Steindamm, Buhne, Wellenbrecher

Land herrscht das Jüngstenrecht. Der jüngste Sohn erbt den Hof, unverheiratete Geschwister bleiben meist als Arbeitskräfte im Elternhaus wohnen. Altenteiler haben das Recht, ihren Lebensabend mit ihren Kindern unter einem Dach zu verbringen. Neben der Altenteilerstube besitzen sie einen eigenen Herd; das soll viel zum gedeihlichen Miteinander der Generationen beigetragen haben. Denn, so sagt schon der Volksmund: »Eigener Herd ist Goldes wert.« – Spätestens am Johannistag, also Mittsommer, sollten die Gräben »ausgekleit«, d.h. von Schlickerde befreit werden. Der Schlick wurde mit großen Schaufeln auf die Grabenkanten geworfen, wo meistens auch die Wege entlangführten. Um nicht im Schlamm steckenzubleiben, liefen die Kinder dann mit Stelzen zur Schule. Und Reiter schützten ihre Kleidung, indem sie sich alte Säcke über die Schultern warfen.

Das ewige Brautpaar

Hinnick und Adelheid waren Nachbarskinder, gleich alt und seit sie laufen konnten, ständig zusammen. Sie gingen fast immer Hand in Hand. Was der eine anfing, machte der andere nach, und was der eine sich ausdachte, damit war der andere einverstanden. Und dabei blieb es. Als sie in die Schule gingen, holte Hinnick seine Adelheid jeden Morgen ab und wenn die Schule aus war, wartete Adelheid auf ihren Hinnick. Sie waren einfach nicht auseinanderzukriegen. Sie kümmerten sich auch nicht darum, wenn die anderen Kinder sie auslachten und ihnen nachriefen »Braut und Bräutigam, hä, hä!« Wenn Hinnick sich mal mit einem von den Jungen erzürnt hatte, stand Adelheid ihm tapfer bei, und er passte immer auf, dass ihr keiner zu nahe kam. Als sie mit der Schule fertig waren und mal zum Tanzen gingen, holte Hinnick sich zu jedem Bohnenputt, zu jeder Stader Française* und zu jedem anderen Tanz immer seine Adelheid.

So gingen viele Jahre hin. Sie waren und blieben sich immer einig, bloß zum Heiraten sind sie niemals gekommen. Sie hatten alle beide Haus und Hof. Hinnick lebte mit seiner Mutter und drei unverheirateten Schwestern zusammen, und Adelheid sagte sich: »Fünf Frauen an einem Herd, das geht im Leben nicht gut.« Sie wollte auch nicht gerne aus ihrem Haus raus, das sie als einzige Tochter von ihren Eltern geerbt hatte. Hof und Vieh ließ sie von einem alten Tagelöhner versorgen. Wenn sie abends *Visite*** hatte, hing sie alle drei Fenster mit weißen Laken zu, wegen des Spionierens. Es gab immer neugierige Leute, die nichts Besseres zu tun hatten. Hinnick besuchte

* Beliebte Volks- und Gesellschaftstänze

** Besuch. Französisches Lehnwort. Gängiger Ausdruck für gegenseitige nachbarschaftliche Besuche.

sie ziemlich regelmäßig zweimal in der Woche nach Feierabend.

Hein und Jakob, zwei junge Bengel, wussten nicht, wie sie sich die Zeit am besten vertreiben könnten. »Du«, sagte Jakob, »Hinnick ist mal wieder zu Adelheid geschlichen. Wollen wir da mal ein bisschen spionieren? Sie hat die Fenster schon zugehängt, aber auf Stelzen kann man oben über die Laken rüber gucken.« Jakob und Hein nahmen ihre Stelzen, machten sie noch extra mit Riemen an den Beinen fest, damit sie besser laufen konnten, stolzierten auf Adelheids Hof und guckten in die Fenster. Hinnick und Adelheid saßen auf der langen geschnitzten Bank und aßen Bratäpfel, und zwischen ihnen saß »Sultan«, Adelheids großer Hund.

Aus Versehen stieß Jakob leicht gegen das Fenster. Sultan spitzte die Ohren und fing an zu knurren. Er hatte wohl etwas gemerkt. Hinnick und Adelheit ließen das Apfelessen sein, lauschten auch und standen auf. Die beiden Jungs wollten auskneifen. Dabei geriet Hein mit einer Stelze in ein Rattenloch im Steinweg. Die Stelze, die wohl schon ein bisschen wurmstichig war, brach dabei ab. Da er nun auf einer langen und einer kurzen Stelze nicht laufen konnte, lehnte er sich an die Hauswand und wollte gerade die Riemen losmachen.

Da kamen aber Hinnick und Adelheit aus der Tür. Hinnick nahm ihn gleich bei Kopf und Kragen, schmiss ihn mit dem Rücken nach oben auf die Erde, zog ihm die Hose runter und wollte ihm tüchtig welche hintendrauf geben. »Halt stopp«, rief Adelheid, »ich weiß noch eine bessere Strafe für den dummen Lausebengel.« Dann nahm sie die Schaufel, die neben dem Haus stand, und füllte ihm damit den Hosenboden mit der frischen Kleierde, die in der Nähe lag und am gleichen Tag aus dem Graben geworfen worden war. Damit ließen sie ihn liegen. Hand in Hand gingen Hinnick und Adelheid in die Stube und aßen weiter ihre Bratäpfel.

Vom Herrgott

Saure Suppe

Matten Sumfleet, der im Alten Land in Bergfried gewohnt hat, ging mal auf dem Deich nach Steinkirchen. Er sollte Pacht bezahlen, aber er hatte keinen einzigen Taler zusammengekratzt. Die Zeiten waren zu schlecht. Da begegnete ihm ein alter Mann mit einem großen weißen Bart und zwei strahlenden Augen, die aussahen, als ob es Sterne seien. Da sagte Matten zu dem alten Mann: »Guten Tag auch, wer fromm ist, könnte Euch glatt für den lieben Herrgott halten.«

Der alte Mann entgegnete: »Das ist ja fein, Matten, dass du mich kennst. Der Pastor ist gerade an mir vorbeigegangen wie an einem fremden Kerl.« Da blieb Matten fast die Spucke weg und er rief: »Ihr seid der liebe Herrgott? Euch habe ich mir anders vorgestellt! Ich denke, ihr sitzt über den Wolken, auf einem hohen Stuhl, mit einem dicken Buch auf dem Schoß.«

Da schmunzelte der alte Mann und sagte: »Mein guter Matten, wie sollte die Welt wohl aussehen, säße ich bloß auf dem hohen Stuhl. Nein, mal segele ich als weiße Wolke am Himmel, mal blühe ich als kleine Blume auf der Wiese, mal fliege ich als kleiner Vogel durch die Gärten. Und heute gehe ich als alter Mann durchs Alte Land. Will mir die Füße ein bisschen vertreten und es soll bei euch ja alles so piekfein gepflegt sein.«

Da erzählte Matten dem alten Mann, dass er in Steinkirchen Pacht bezahlen soll, aber keinen Taler in der Tasche hatte. Der alte Mann antwortete: »Mit Geld kann ich dir nicht helfen und mir scheint, dass die Pacht nicht deine größte Sorge ist. Sag mir, womit du dir gerne den Bauch vollschlägst, dann kann ich was für dich tun. »Ja«, antwortete Matten, »mir schmeckt eigentlich alles, wenn es bloß mit einem guten Stück Fleisch gekocht ist, aber am liebsten esse ich Saure Suppe.«

»So«, sagt der alte Mann. »Saure Suppe.«

»Ja,« antwortet Matten, »mit einem Schinkenknochen und einem guten Stück Rauchfleisch und Äpfeln und Birnen und süßen Pflaumen und auch Rosinen.«

»So«, sagte der alte Mann. »Auch Rosinen.«

»Ja«, sagte Matten. »Und weiße und gelbe Rüben und Bohnenkraut und feine, weiße Mehlklößchen.« Da sagte der alte Mann: »Das würde ich wohl auch mögen, Matten, jetzt hör genau zu. Häng abends den größten Kessel, den ihr im Haus habt, an den Kesselhaken. Frühmorgens soll er immer bis oben hin voll Saurer Suppe sein.«

»So«, sagte da Matten. »Das wäre wohl eine große Hilfe und das soll immer so bleiben?«

»Ja«, antwortete der alte Mann, »Tag für Tag, bloß etwas musst du dir gut merken. Guckst du nachts in den Kessel, bleibt er am nächsten Tag leer. Und das musst du dir auch gut merken: Jedem, der vor deiner Tür steht und um einen Teller Suppe bittet, musst du welche geben. Und wenn es auch dein letzter Teller ist. Sonst bleibt der Kessel für immer leer.«

»Das will ich gern tun«, entgegnet Matten, »und du sollst auch tüchtig bedankt sein.« Der alte Mann aber sagte: »Dafür nicht!« und ging weiter. Als Matten schon ein paar Schritte weiter war, drehte er sich noch einmal um und rief: »Wenn das wahr wird, gehe ich wieder zur Kirche.« Der alte Mann rief zurück: »Du kannst gerne zu Hause deine Bibel lesen. Ist besser, als wenn du in der Kirche einschläfst.«

Als Matten aus Steinkirchen wieder nach Hause kam, erzählte er seiner Frau, wen er getroffen hatte. Da schimpfte sie und rief: »Ich ackere mich hier mit dem Schafsmist ab und du stehst auf dem Deich rum und lässt dir so einen Unsinn aufbinden.«

Abends hängte sie aber doch den Kessel an den Kesselhaken. Und nachts kriegten sie und Matten kein Auge zu. Sieh an, anderntags in der Frühe war der Kessel bis oben hin voll feiner Saurer Suppe. Und nichts fehlte. War alles drinnen: Schinkenknochen und Rauchfleisch, Äpfel und Birnen, süße Pflaumen und Rosinen, weiße und gelbe Rüben und Bohnenkraut. Und auch feine, weiße Mehlklößchen schwammen im Kessel.

Da rief Matten: »Frau, was ist unser Herrgott bloß für ein guter Kerl!« Nun hatte Matten eine große Hilfe und kam tüchtig voran. Nur einmal ist er neugierig gewesen. Hat nachts in den Kessel geguckt. Da ist der Kessel über den ganzen nächsten Tag lang leer geblieben.

Es hat sich nun im Alten Land und auf der Geest schnell herumgesprochen, was Matten Sumfleet für einen Wunderkessel hatte. Tag für Tag kamen arme Leute und Wanderer und baten um einen Teller Suppe. Und immer gab Matten. Selbst der Pastor und der Bürgermeister von Stade kamen und ließen sich die Wundersuppe gut schmecken. Aber eines Tages hatte Matten doch vergessen, was der alte Mann gesagt hatte.

Da stand ein altes Mütterlein an der Tür – die mag wohl schon achtzig gewesen sein – und bat um etwas Warmes. Da rief Matten: »Komm an einem anderen Tag wieder! Ich habe selbst bloß knapp einen Teller voll!« Das alte Mütterlein ist nicht wiedergekommen und der Wunderkessel ist für immer leer geblieben. Da war das Märchen von der Sauren Suppe zu Ende. Und seit der Zeit kann Matten Sumfleet keine Saure Suppe mehr riechen.

Der Zwetschenpfannkuchen

Es war Zwetschenzeit, da saß unser Herrgott am Sonntagmorgen im großen Lehnstuhl am Fenster. Weit unten drehte sich die alte Erde und es zog von ihr wunderbar süß und sauer zugleich zum Himmel hoch. Der Herrgott steckte seine Nase aus dem Fenster und dachte, was roch das bloß gut. Er dachte, das kam vom Alten Land. Er rief Petrus und sagte: »Petrus, steck du doch auch mal die Nase aus dem Fenster. Sag, was haben die Altländer da Gutes im Topf?«

Petrus guckte und schnüffelte und sagte: »Ich habe lange nicht sowas Gutes gerochen. Ich will gleich Trina Slieker holen, die hat ja im Alten Land gelebt, die kann uns das erklären.«

»Ja, das ist gut«, sagte der Herrgott. Da ging Petrus zu Trina Slieker und sagte: »Trina, du sollst zu unserem Herrgott kommen und ihm was erklären.«

»Unserem Herrgott was erklären?«, fragte Trina. »Gibt es denn etwas, das unser Herrgott nicht weiß und nicht kennt?«

Als Trina nun vor unserem Herrgott stand, sie hatte ihr bestes Altländer Zeug angezogen und sah mit der schwarzen Samtjacke und der seidenen Bänderkappe ordentlich schmuck aus, da sagte er: »Trina, steck deine Nase mal aus dem Fenster und schnuppere mal zum Alten Land runter. Sag mal, was haben sie da im Topf?«

Trina schmunzelte. »Was soll ich wohl die Nase aus dem Fenster stecken, ich rieche das auch so. Im Topf haben die Altländer gar nichts, bloß in der Pfanne, und das sind Zwetschenpfannkuchen.«

»Zwetschenpfannkuchen«, rief der Herrgott, »was ist denn das für ein Essen, erzähl mir das mal, Trina.«

»Ja, das ist so: Aus Mehl und Eiern wird ein guter Teig gerührt, der kommt mit tüchtig Speck drunter in die Pfanne. Zuletzt kommen da Zwetschen dazu, das müssen aber Altländer, echte Zwetschen sein. Die Steine müssen vorher rausgeschnitten werden und dann werden sie eine bei der anderen und dicht an dicht in den Teig gesteckt. Wenn der Pfannkuchen fertiggebacken ist, kommt da Zucker drüber und so kommt er denn auf den Tisch.«

»Mmh, das soll wohl schmecken«, freute sich der Herrgott. »Trina, du sollst mir welche backen.«

»Ja, das will ich wohl«, sagte Trina. »Aber wo kriegen wir Altländer Zwetschen her?« So schickte unser Herrgott zwei kleine *Hemdsterten** zum Alten Land hinunter. Petrus gab ihnen eine kleine Wolke mit und sagte: »Da setzt euch man drauf, sonst müht ihr euch mit den Zwetschen zu doll ab.« Als die *Hemdsterten* im Alten Land ankamen, konnten sie sich da gar nicht sattsehen. Was sah das da fein aus, mit den Backsteinstraßen und den großen Höfen und unter den Apfel-, Birnen-, Pflaumen- und Kirschbäumen liefen die Schafe. Und wie schmuck waren

* Wörtlich: Hemdenmatze, hier für Engelchen. Viele plattdeutsche Begriffe lassen sich nicht treffend ins Hochdeutsche übersetzen.

die Häuser und stolz die Kirchen, alles weiß und grün und grün und weiß angemalt.

Hinter blanken Fensterscheiben stand Blumentopf neben Blumentopf. Manches Haus hatte vor der Seitentür ein *Schöttelheck** und Töpfe und Pfannen, Teller und Schüsseln hingen oder lagen blankgescheuert in der Sonne und ließen sich trocknen. Zwischen den Höfen breite Wassergräben, die voller Entenkraut waren, und dann die Gärten, alles piekfein gehegt und gepflegt.

Als die beiden aber vor der großen Altländer Prunkpforte standen, schlugen sie die Hände überm Kopf zusammen und einer der Engel rief: »Das soll sich Petrus man mal angucken, der ist ja mächtig stolz auf seine Prunkpforte, aber von so einer Altländer Prunkpforte kann er sich noch eine Scheibe abschneiden.«

Die beiden *Hemdsterten* gingen dann auf den Hof und fragten, ob sie nicht eine Kiepe echte Altländer Zwetschen bekommen könnten.

»Trina Slieker soll für den Herrgott Zwetschenpfannkuchen backen.«

»Und wer bezahlt?«, fragte der Bauer. »Bezahlen«, riefen die *Hemdsterten*, »soll unser

* Schöttelheck: hölzernes Trockengestell für Schüsseln und Geschirr.

Herrgott für sein eigenes Werk auch noch bezahlen?« Da schmunzelte der Bauer und ließ die *Hemdsterten* laufen.

Unser Herrgott und Petrus warteten schon und riefen: »Das wird aber Zeit mit euch, Trina hat die Pfanne schon aufs Feuer gestellt!« Nun ging das Pfannkuchenbacken los. Trina Slieker stand mit blanken Augen vor der Feuerstelle und rührte den Teig an. Der Herrgott aber stand mit Petrus und all den kleinen und großen Engeln dabei und guckte zu.

Als Trina den Teig mit tüchtig Speck drunter in die Pfanne tat und hinterher die Zwetschen in den Teig steckte, da konnte der Herrgott es nicht lassen: Er steckte fast in der Pfanne und rief: »Wunderbar, Mmh, hoh, wunderbar.« Da fuchtelte Trina mit dem Holzlöffel und sagte: »Wie kann es bloß angehen, was ist unser Herrgott für ein Topfgucker!« Aber er kriegte dann doch den ersten fertigen Pfannkuchen. Petrus den zweiten und alle *Hemdsterten* kriegten was ab. Was war das für ein Pfannkuchenessen. Trina bekam die Pfanne gar nicht mehr vom Feuer. Als der Herrgott ein Halbdutzend gegessen hatte, sagte er: »Ich möchte ja noch gern, aber ich kann keinen einzigen mehr essen. Sei bedankt für all deine Mühe und nächstes Jahr musst du wieder Zwetschenpfannkuchen backen.«

Zufrieden setzte sich unser Herrgott in seinen Lehnstuhl und dachte: »Wie kann die Welt wohl untergehen, wenn die Menschen verstehen, aus meinem Werk so etwas Gutes zu machen.«

Die Sonne lachte vom Himmel oben, und auf der Erde sangen die Vögel, die Blumen blühten und die Welt lag in tiefem Frieden.

Und immer, wenn es so ein schöner Herbsttag ist, wenn die Sonne lacht und zur Zwetschenernte so richtig gutes Wetter ist, dann sagen sie im Alten Land: »Sieh an, Trina Slieker backt wohl für unseren Herrgott wieder Zwetschenpfannkuchen.«

Mahlzeit!

Gesche von Husen aus Huttfleth

Das Altländer Haus im Freilichtmuseum auf der Insel in Stade ist ein Besuchermagnet. Schon zu Lebzeiten der letzten Bewohnerin, Gesche von Husen, war ihr Heim in Huttfleth eine Sehenswürdigkeit; es ist seit hundert Jahren nicht verändert und wie in alten Zeiten erhalten geblieben – ein Pilgerziel für Hausforscher und Heimatkundler. Nach Gesches Tod erwarb der Stader Geschichts- und Heimatverein das Gebäude mit sämtlichem Inventar und versetzte es 1914 ins Freilichtmuseum auf der Insel in Stade.

1735 von Johann Ropers und seiner Ehefrau Catharina Adelheid erbaut, hat das Haus im Lauf der Zeiten mehrere schwere Sturmfluten überstanden. Bewohnt wurde es zuletzt von den Geschwistern Johann, Barthold, Jacob und Gesche von Husen, die ihre drei Brüder überlebte. Über sie berichtete J. J. Cordes folgende Anekdoten:

Gesche waltete am Herd, bereitete die Mahlzeiten, hielt das schmucke Haus in Ordnung und verhandelte mit Handwerkern und Obsthändlern, die die Ernten abnahmen. Ihre drei Mannsleute hielt sie in strenger und guter Zucht. Was wäre wohl aus diesen wunderlichen und eigenwilligen Einspännern geworden, wenn Gesche ihnen nicht mit klugem Sinn, mit Güte und energischer Lenkung zur Seite gestanden hätte! Jeder hatte seinen eigenen Spleen. Der eine ging am liebsten auf die Jagd und schoss Hasen, Enten und im Herbst Wildgänse; der andere züchtete Iltisse, Kaninchen und Füchse und der dritte saß viel in den Dönzen (Stuben) der Nachbarn und »schnackte klug«. Nun, es war schon notwendig, dass Gesche die Zügel stramm in der Hand hielt. Am Sonntag musste stets einer von der Familie zur Kirche gehen. Bei Tisch ging es immer sehr einsilbig zu, und auch in der Wirtschaft gab es selten besondere oder gar aufregende Erlebnisse, denn jeder hatte sommertags seine feste Arbeit, und im Winter hockten sie am warmen Ofen, hielten ihre klammen Füße gegen die Kacheln, lasen im Kalender oder verklüngelten die Zeit bei Bekannten.

In der Pflückerzeit schrie Gesche nicht wie andere Frauen mit »guten Ruf« in den Hof »Essen«, nein, sie machte das ruhiger und einfacher. Sie behielt die Schafe bis Mittag im Stall und wenn die Mahlzeit fertig war, öffnete sie die Stalltür. Nun sprangen die hungrigen Tiere mit mächtigen Sätzen im Schafsgalopp durch den Hof zum Weideplatz. Das war für Johann, Barthold und Jacob das Signal zum Heimgang. Jeder trottete für sich nach Hause, wo Gesche bereits die Schinkenteller hingestellt oder die Kirschpfannkuchen gebacken hatte. Jeder holte seinen Holzlöffel vom Löffelbrett, wenn es »Löffelkost« gab, oder zog ein Messer aus der Tasche, wenn Fleisch auf dem Tisch stand.

Nach dem Tod des letzten Bruders im Jahr 1903 stand Gesche allein dem »Wesen« vor. Als dann aber im Alter ihre Kräfte schwächer wurden und den Dienst versagten, kamen Verwandte und Frauen aus der Nachbarschaft, um sie zu pflegen und auch zu trösten. Aber Gesche jammerte und klagte nicht. Das Leben hatte sie hart gemacht. Klaren Sinnes wusste sie genau, dass ihrem Leben ein Ziel gesetzt war. Von Mitleid wollte sie nichts wissen, denn mit ihrem Herrgott war sie längst im Reinen, hatte sie doch in ihren Werken stets nach seinem Wort gelebt. Als eines Tages die Schwäche überhandnahm, wollte eine Verwandte sie aufrichten und sagte: »Och, Gesche, du wirst schon sehen, wenn erst das Frühjahr kommt, dann stehst du wieder fest auf den Beinen«.

Da wurde Gesche abweisend, und unwirsch sagte sie mit leiser Stimme: »Was weißt du davon! Wann ich sterben muss und will, das weiß ich selbst am besten«, drehte sich mit dem Gesicht zur Wand und – verschied. Ja, so war Gesche von Husen, die Letzte aus dem alten Haus, das nun auf der Insel in Stade steht.

Metje Pape und die Kosaken

Als im Winter 1813/14 nach den Franzosen die Russen hier eingerückt waren, wollte Metje Pape aus Bergfried gleich mal nach Stade und Kosaken sehn. Sie hätte dazu aber eigentlich gar nicht losgemusst, denn unterwegs begegnete ihr schon eine ganze Schwadron, und als sie abends wieder nach Hause kam, waren genügend davon auf ihrem Hof einquartiert. Nun musste sie die auch noch alle verpflegen.

Junge, was waren das bloß für ausgehungerte Kerle! Sie konnte gar nicht so viel herbeischaffen und aufwärmen, wie die aufessen konnten. Metje stand vor dem Herd und backte Pfannkuchen in Tran, da das ja nicht so teuer war wie in Speck und Schmalz. Die hungrigen Russen ließen sie aber dabei nicht in Frieden. Bevor sie die Pfannkuchen umdrehen konnte, rissen sie ihr die halb gar aus der Pfanne. Das konnte Metje aber nicht lange aushalten. Sie war so ärgerlich, dass sie zuletzt mit der Feuerzange und der Pfanne um sich schlug und damit auf die Kosaken losging.

Peter Pape, ihr Mann, der das mit angesehen hatte, war sehr besorgt um sie. Er meinte, dass das im Leben nicht gut ablaufen würde. Aber genau das Gegenteil ist der Fall gewesen. Die Kosaken hatten so viel Respekt vor Metje bekommen, dass sie sie von da an immer höflich behandelt haben und auch ganz manierlich geworden sind.

Stint holen

»Höö, große, lebendige Stiinte bei Mojenhörn an der Dampferbrücke! Hoolt Stint!« Der Junge schrie alle paar Minuten dasselbe, ganz am Deich entlang, von Mojenhörn bis zur Lühe. Er musste auch etwas tun für seine drei Groschen, die er dafür bekam.

»Hör mal«, sagte Gesche zu Hein, »da wird Stint ausgerufen. Nimm man schnell einen Korb und geh los, dass wir auch welche abbekommen, darauf habe ich heute gerade mal Appetit.«

Hein lief von seinem Holzklotz weg, holte sich einen Korb aus dem Schuppen und ging los. Auf der Dampferbrücke musste er noch eine ganze Zeit warten, bis er an die Reihe kam. Dabei war er ziemlich durchgefroren. Als er endlich seinen Stint hatte, ging er auf dem Rückweg noch mal eben ins Wirtshaus und wärmte sich an einem kleinen Schnaps so ein bisschen wieder auf. Seinen Korb, der von dem nassen Stint noch tropfte, stellte er draußen auf die Bank. Dreimal ließ er sich einen einschenken, aber dann stand er auf. Es wurde Zeit, dass er mit seinem Stint nach Hause kam. Er musste die Fische ja auch noch köpfen, wenn Gesche sie zum Mittag braten wollte.

Als er nach draußen kam, – oh nein, was für ein Malheur! Da hatte die Katze den Korb umgerissen, und alle Stinte lagen auf der Erde. Katze und Hühner fraßen um die Wette. Er konnte nichts mehr raussuchen, was noch zu gebrauchen war. Was sie noch nicht aufgefressen hatten, war zumindest angefressen. Hein kam mit einem leeren Korb zu Hause wieder an.

Was Gesche für ein Gesicht machte, kann man sich ja denken.

Claus von Husen und die Fischfrau – um 1875

Der Lotse Claus von Husen aus Mojenhörn hatte ein Schiff von der Lotsenstation an der Bösch nach Hamburg gebracht und wollte nun mit dem Stader Dampfer nach Hause fahren.

Er hatte es eilig, als er sich auf dem Altonaer Fischmarkt zwischen den vielen Menschen durchschlängeln musste. Dabei hakte er aus Versehen hinter einen Fischkorb, der umkippte und all die Fische zappelten auf der Erde herum. Das Fischweib fing fürchterlich an zu schimpfen und hielt ihn am Arm fest. Er sollte ihre Fische wieder aufsammeln.

Claus von Husen fasste in die Tasche, warf der Alten einen Taler hin und sagte: »Sei still! Hier hast du einen Taler. Ich habe keine Zeit mehr, ich muss zum Dampfer.« Da war die Frau mit einem Mal ganz freundlich und rief ihm noch nach: »Sie sind ja ein Edelmann! Sie können mir gerne jeden Tag mal den Korb umwerfen.«

Geselligkeit und Brauchtum

Im Alten Land geht es sehr gesellig zu. Ist geflaggt, dann wird Schützenfest gefeiert, ist eine Haustür mit Girlanden bekränzt, findet eine Hochzeit statt. Auch Feuerwehrball oder Sängerball sind fester Bestandteil im Jahreslauf. Zum Feiern braucht es auch gute Musikanten, wie Jan Fudderich.

Jan Fudderich

Jan Fudderich war ein tüchtiger Musikant. Wenn er in Neuenfelde oder Finkenwerder zum Tanz aufspielte, zogen die jungen Kerle ihre Jacken aus und tanzten wie verrückt. Das brachte Jan Fudderich in Schwung und er blies in seine Trompete, dass die alten Petroleumlampen nur so wackelten. Und wenn bei einer Altländer Hochzeit die letzten nach Hause gehen wollten, dann kletterte er schnell in einen Baum und spielte hinter ihnen her.

Der Musikant war aber nicht bloß für Tanzmusik zu haben, er hörte auch gerne Stücke von Richard Wagner, dessen Musik gerade in der Zeit aufkam. Wenn sie in Hamburg den Fliegenden Holländer spielten, dann war er nicht zu halten. Dann musste er mit seinen Freunden nach Hamburg segeln, dass sie das große Schiff auf der Bühne zu sehen und die schöne Musik zu hören bekamen.

Jan Fudderich hatte den Schalk im Nacken. Einmal hatte er die ganze Nacht auf Finkenwerder gespielt. Als er nun morgens nach Hause wollte, war es gruseliges Wetter. »Och«, sagte er zu der Wirtsfrau, »ich wollte, ich läge in Neuenfelde auf dem Kirchhof.«

»Jan, du alter Spötter, wie kannst du sowas sagen!«, sagte die Frau. Aber Jan antwortete vergnügt: »Denn stünde ich auf und ginge nach Hause.« Er wohnte ja dicht beim Kirchhof. Einmal sagte seine Nachbarin zu ihm: »Jan, bring uns doch nächsten Sonntag für Trinas Hochzeit von Finkenwerder ein paar Kolonialwaren mit. Du kannst sie wohl durch den Zoll schmuggeln.«

Jan sagte, er wolle sehen, was sich machen ließe. Als er nun die ganze Nacht bei Kamper auf Finkenwerder gespielt hat, der bei seiner Wirtschaft auch einen Laden hatte, da ließ er seine Trompete da und füllte sich den Trompetenkasten bis oben hin mit Kaffee, Zucker, Rosinen und was sonst noch für eine Hochzeit gebraucht wurde.

Als er dann mit seinen Kollegen über die Süderelbe schipperte, wollte so ein Kerl von Zollkontrolleur auch mit übersetzen. Und als die aufgehende Sonne sich so fein im Wasser spiegelte, da meinte der Kontrolleur: »Jan, wie wäre es, wenn du uns bei dem schönen Wetter mal ein bisschen aufspielen würdest?«

Jan Fudderich steckte ziemlich in der Klemme. Er wusste sich aber zu helfen und sagte zu dem Kontrolleur: »Wenn du Trompete blasen könntest und von nachmittags Punkt vier bis morgens Punkt vier gespielt hättest, dann würdest du wohl wissen, wie weh einem dann die Lippen tun.« – Trina bekam ihren Kuchen zur Hochzeit.

An den großen Gabenhochzeiten nimmt fast die gesamte Dorfbevölkerung teil. Traditionelle Speise ist die Altländer Hochzeitssuppe, die heute noch von wenigen Gastwirten nach dem Original-Rezept serviert wird. Aufgepasst! Die echte Altländer Hochzeitssuppe ist eine gebundene Rindfleischsuppe mit großen Fleischstücken. Und sie wird traditionell mit Rosinen gereicht. Bis heute sind 300 Gäste keine Seltenheit. Früher wurde auf den großen Dielen der Bauernhäuser gefeiert. Alle Nachbarn halfen bei der Vorbereitung und jeder Hochzeitsgast brachte seinen eigenen Löffel mit. Heute überlässt man die Bewirtung einem erfahrenen Gastwirt. Die Feste tragen viel zum starken Gemeinschaftssinn der Dorfbewohner bei. Eine gut eingespielte Nachbarschaft kann bei Sturmflut oder einem Deichbruch überlebensnotwendig sein.

Altländer Hochzeit

Nun war es so weit: Jan Brandt wollte Trina Helms heiraten. Er hatte von ihrem Vater und ihrer Mutter schon das Ja-Wort geholt und Freitag nach Pfingsten sollte die Hochzeit sein. Jan ging ein paar Wochen vorher zum Pastor und meldete rechtzeitig für Trina und sich das Aufgebot an. Und an dem Sonntag, als der Pastor das Aufgebot zum ersten Mal von der Kanzel verkündete, kamen alle Freunde von beiden Seiten in Jans Haus zusammen zum »Namenaufsetzen«.

Erst stärkten sie sich ordentlich an Kaffee und Butterkuchen: Wenn aber die Tassen vom Tisch waren, dann suchte Mutter Gesche Tinte und Federkiel hervor und einen großen Zettel, auf den nun alle Namen aufgeschrieben wurden, von denen, die zur Hochzeit eingeladen werden sollten. Das war ein Stück Arbeit!

All die Freunde und Verwandten, auch die weitläufigen, mussten ja mit, keinen durften sie übersehen, sonst waren sie verärgert und vergaßen ihnen das ihr Lebtag nicht. Darum überlegten sie lange herum, bis sie alle hatten, und einer, der gut schreiben konnte, setzte all die Namen auf den Zettel. Dann kamen die Nachbarn, auch die weitläufigen. »Wie weit wollen wir denn gehen?«

»Och«, sagte Jan, »hier in Wetterndorf müssen wir sie alle nehmen, und dann im Streek noch die ersten sechs Häuser.«

»Ja, das ist wohl genug«, sagte Trinas Mutter, »und bei uns nehmen wir denn auf jeder Seite zehn Häuser.« Die Namen wurden auch mit aufgeschrieben. »Nun noch die Hofnachbarn, die mit ihrem Land an unseren Hof stoßen.«

»Ja, das ist recht.«

»Vergiss auch den Schulmeister nicht.«

»Ne, der muss ja mit und darf dann ja keine Gabe geben.« So wurde der Zettel denn ordentlich voll, und als Trina die Namen gezählt hatte, sagte sie: »Sind so ungefähr fünfhundert Leute.«

»Oh«, sagte Jan, »das wird wohl gehen, dann werden wir es hier zu Hause wohl hinbekommen.«

Gut acht Tage vor der Hochzeit musste nun der Hochzeitsbitter Peter Dammann mit dem Zettel los und alle einladen. Peter hatte aber in der Schule keine Schreibschrift gelernt. Und darum musste Jan ihm ganz genau erklären, wie er alle fand.

Peter hatte das aber schon häufig gemacht und ging auch nun wieder frisch drauflos. In der Hand hatte er einen roten Spazierstock mit einem bunten Band dran. Erst ging er zu denen, die am weitesten weg wohnten und kam dann so allmählich näher ran.

Jan hatte ihm jedes Haus beschrieben. Dort kam er in die Stube und sagte seinen Spruch: »Der Bräutigam Jan Brandt und die Braut Trina Helms lassen vielmals grüßen. Ihr sollt so gut sein und ihnen die Ehre geben, zu ihrer Hochzeit zu kommen, die am Freitag, den 20. im Haus des Bräutigams gefeiert wird.«

»Ja, denn müssen wir da wohl hin.«

»Und hier ist der Zettel, da sucht nun mal eure Namen und macht ein Kreuz, dann weiß Jan, wo ich gewesen bin.« Drei Tage musste Peter Dammann laufen, bis er überall gewesen war.

Pfingstfreitag war noch still, aber danach gab es viel zu tun. Das ganze Dorf feierte ja die Hochzeit mit, alle freuten sich darauf und alle waren geschäftig. In jedem Haus wurde gewischt und geschruppt und gescheuert.

Bei Jan Brandt war es am dollsten. Da kam am Dienstag schon der Knecht mit einem großen Ochsen angezogen, der einen bunten Kranz um den Hals hatte. Trinas Vater spendierte den Ochsen für die Hochzeitssuppe. Jans Knecht musste mit dem Wagen los, die Tische und Stühle, Töpfe und Schüsseln, Kannen und Tassen ausleihen.

Und auf die Mitte der Woche ging es nun schnell zu, dann war das »Kleine Brotbacken«. Morgens früh war der Schlachter da und stach den Hochzeitsochsen ab, vormittags kamen die Frauen der nächsten Freunde und Nachbarn und wurden emsig. Sie mussten Wurst machen und Schwarzsauer kochen, den Teig anrühren und Brot backen. Was war das für ein Leben und Lachen und Schnattern! Nachmittags kamen auch die Männer nach. Sie mussten helfen beim Brote tragen und sie wollten mal probieren, ob Wurst und Brot auch gut geworden waren. Bei Schnaps und Bier ging es ganz lustig her.

Donnerstag war es ebenso. Das hieß das »Große-Brotbacken.« Zu backen gab es nun nichts mehr, aber genügend anderes zu tun. Die Frauen mahlten den Kaffee und stießen Zucker (die Schiffer hatten die Zuckerhüte ja billig von Hamburg her geschmuggelt). Aus der ganzen Nachbarschaft kamen Kinder oder Dienstmädchen und brachten Eimer voll Milch und ein Stück Butter, das vier Pfund wiegen musste.

Wer nicht so viel Butter schicken konnte, legte einen Extrataler in die Hochzeitsgabe. Zum Mittag gab es Suppe und danach wieder Schnaps und Braunbier.

Am Nachmittag war auf einmal ein Leben auf der Straße! Die Peitschen knallten, Pistolen schossen und mit Gesang und Juchen kamen im Galopp die Wagen mit dem Brautzeug an, hoch beladen mit der Aussteuer für die Braut: große Leinenkoffer und ein Kleiderschrank mit Engelsköpfen, Klapptische und breite Stühle mit bunten Stuhlkissen und ganz oben darauf das Spinnrad und die Haspel, und auf jedem Wagen saßen die Brautjungfern und hielten alles fest. »Kinder! Kinder!«, rief nun Gesche Brandt. »Wo ist Jan denn? Jan!«

»Ja, hier bin ich ja«, sagte Jan. »Junge, du musst doch raus auf die Straße, sonst fährt das Brautzeug ja vorbei.«

»Ja, ich komm ja schon!« Und er sprang aus der Tür und kriegte noch gerade eben das Pferd bei dem Zügel zufassen und hielt sie vor dem Haus an. Nun fing ein lustiger Handel an mit dem Knecht. »Wohin willst du mit dem Kram?«

»Zum Haus von Jan Brandt.«

»Dann ist das hier richtig, denn lad man ab.«

»Ne, ne, was krieg ich denn dafür?«

»Einen Taler sollst du haben.«

»Ist gut, und was soll die Braut haben?«

»Sie bekommt einen guten Kerl, der sie immer in Ehren halten will.«

»Das ist recht, dann wollen wir abladen. Aber die Mädchen, die auf den Wagen sitzen, die will ich wieder mithaben.«

»Das kannst du auch, und nun lad ab!« Und dann wurde all der schöne Hausrat durch die Nottür am Giebel ins Haus gebracht und an den rechten Platz gestellt. Alle Leute fassten mit an und dann wurde noch bis neun Uhr gut gegessen, getrunken und getanzt.

Am nächsten Vormittag, dem Hochzeitstag, fuhr Jan zum letzten Mal zu seiner Braut und holte sie für immer in sein Haus. Mit Kränzen am Wagen und Schleifen an der Peitsche kamen sie ankutschiert, und alle Nachbarn schossen hinterher und hatten geflaggt, denn dafür gab es eine Flasche Schnaps.

Und wenn nun Trina im Hochzeitshaus war, dann wurde sie mit dem ganzen Brautstaat angekleidet. Auf dem Kopf die schöne Brautkrone, die sie für zehn Taler vom Pastor für diesen Tag ausgeliehen hatte. Unterdessen fing der Schlachter an, die Suppe zu kochen.

Der Zapfer (der die Getränke ausschenkte) schaffte Schnaps und Bier zu den Plätzen. Die Tische standen in den Stuben und auf der Diele bereit und gleich nach Mittag kamen die ersten Gäste.

Braut und Bräutigam standen an der Seitentür und begrüßten jeden Gast mit Handschlag. Der Bräutigam trug schon den neumodischen schwarzen Rock (früher hatten sie kurze Hosen und einen blauen Rock mit zwei Reihen silberner Knöpfe), die Braut aber ihren ganzen Staat. Vor der Tür saßen die Musikanten und spielten jeden Gast mit einem flotten Walzer ins Haus hinein.

Die nächsten Freunde setzten sich in die Stuben, die anderen gingen auf die Diele. Nun kam auch der Pastor, und auf der Vordiele, wo der alte Leuchter brannte, wurden Jan und Trina getraut. Die Musikanten spielten Kirchenlieder und nach der Trauung sangen alle »Nun danket alle Gott«.

Nun ging das Essen los. Weil es schönes Wetter war, hatte der Schlachter sich draußen neben dem Haus eine Feuerstelle eingerichtet und die köstliche Hochzeitssuppe gekocht. Auch etliche Gäste mussten draußen sitzen; die Hinterdiele war doch nicht groß genug.

Jan und Trina setzten sich mit ein paar Leuten an den Brauttisch, die Musikanten fingen an zu spielen und nun wurde die Suppe aufgetragen, das taten Frauen von Freunden und Nachbarn in roten Röcken und weißen Schürzen. Die erste war Trinas Mutter, dann Jans Mutter und so weiter, genau der Reihe nach.

Vor der Braut auf dem Tisch lag ein Korinthenbrot, davon schnitt sich Trina einen Knust ab und steckte ihn in die Tasche. Den wollte sie bewahren, denn sie glaubte, solange der Knust im Haus war, sollte es an Brot nicht fehlen.

Die Leute hatten nun alle ihre Messer, Gabeln und Löffel aus der Tasche geholt und stärkten sich an der feinen Suppe. Eine Schüssel voller Rosinen und Weißbrot stand daneben. Beim Essen gingen dann der Schlachter, der Zapfer und die Musikanten mit einem Teller herum und sammelten Trinkgeld ein. Jeder gab ihnen einen Groschen oder einen halben und sie waren gut zufrieden mit dem Verdienst. Zuletzt kam noch die Polizei und sammelte in ihrer Büchse für die Armen, da warf jedermann ein Zweipfennigstück rein.

Nach der Suppe wurde noch Fattfleisch* mit Pflaumen aufgetragen und wer nun nicht satt wurde, hatte selbst schuld. Wenn sie nichts mehr essen konnten, wurden Messer und Gabel und Löffel mit Schnaps abgewaschen, am Tischtuch blankgeputzt und wieder eingesteckt.

Nun wurden Tische und Stühle aus der Hinterdiele weggetragen, nur der Brauttisch blieb noch stehen. Die Braut legte ein weißes Laken darüber, die Musik spielte »Gebt her die Gabe!« und alle Leute kamen an den Tisch und übergaben der Braut ihre Gabe. Sie band sie alle zusammen in das Laken ein und Jan musste es ihr zum Spaß abkaufen und ihr was Schönes

* Das in der Hochzeitssuppe gekochte schiere Ochsenfleisch.

versprechen. Dann konnte er es in der Kammer in eine Truhe schließen.

Nun wurde die Braut »vom Tisch getanzt«. Erst tanzten Jan und Trina allein, dann die nächsten Junggäste und danach so allmählich alle anderen. War der Tanz vorbei, ließ Trinas Bruder das Paar hochleben. Nun konnte tanzen, wer wollte.

Aber es wurde zuerst ziemlich leer auf der Diele, denn die meisten Leute gingen in die Nachbarschaft, von einem Haus zum anderen, und überall standen Kaffee und Butterkuchen auf dem Tisch und es wurde eingeladen: »Man zu, nun trinkt noch eine Tasse und esst noch ein Stück.«

Sie mussten da richtig was leisten, denn es gab Schelte, wenn sie ein Haus überschlugen. So langsam kamen sie aber wieder zum Hochzeitshaus zurück und nun ging das Leben endlich los. Die Musik schallte durchs ganze Dorf, die jungen Leute ließen keinen Tanz aus und auch die Alten wurden lebendig.

Der Zapfer hatte zu tun, stand hinter dem Tisch bei seinem Bier und Schnaps, das Braunbier in großen Krügen auf dem Tisch und jeder trank, wenn er mochte. Schnapsflaschen und ein paar Dutzend Gläser waren auch parat. Wenn der Tanz zu Ende war, kamen die Männer an den Tisch. »Gib einen aus, Peter!«

»Ja, kommt her! Zapfer, schenk ein!« Einer stimmte ein Lied an. »Musik!«, riefen die anderen und sofort ging es mit einem flotten Schottischen Tanz wieder los.

»Nun sollst du einen ausgeben, Hinnik!«

»Ja, mir soll es darauf nicht ankommen, schenk ein!« Und wieder gab es eine Runde Schnaps und Bier, denn das kostete heute ja nichts. Auch für die Jungen war das ein schöner Tag, sie tanzten mit und tranken aus den Bierkrügen. Wenn Vater es nicht sah, stürzten sie auch mal einen Schnaps runter und manch ein Knecht trichterte solch einem Jungen so viel ein, dass der bald auf einer leeren Tonne saß und schlief.

Der Bräutigam musste auch ordentlich einen ausgeben und mittrinken. Sie ließen ihn hochleben und sangen: »Wir lustigen Hannoveraner« und »Schön ist die Jugend.«

Die Mädchen wurden auch durstig, der Knecht brachte ihnen Bier und Schnaps mit Zucker und mit Lachen und Juchen ließen sie sich schwenken, dass die Röcke nur so flogen.

Punkt zehn war das Tanzen erst einmal zu Ende. Tische, Stühle und Bänke wurden wieder auf die Diele gestellt und bei Kaffee, Brot und Butter legte sich die Hitze ein bisschen. Dazu spielte die Musik.

Lange durfte es aber nicht dauern, dann musste die Diele wieder leer sein, das Tanzen ging wieder los. Nun kamen die alten Tänze an die Reihe: der »Bohnenputt«, »Freut euch des Lebens«, »Siebensprung« und andere. Lärm und Leben wurden immer toller, einige wurden auch übermütig und wollten sich schlagen.

Jan hatte tüchtig zu tun, dass sie nicht mit den Bierkrügen aufeinander losgingen.

Gegen Morgen mussten dann noch einmal die Tische auf die Diele, und alle, die so lange ausgehalten hatten, konnten sich noch an Schwarzsauer mit Rosinenklößen laben. Dann war die Hochzeit aus.

Die Letzten waren kaum wegzukriegen. Jan und Trina hatten sich in der Kammer eingeschlossen und die Musik spielte das letzte Stück vor ihrem Fenster.

Wenn nun das Fest mit viel Vergnügen und auch viel Arbeit vorbei war, dann gab es noch einen schönen Tag: den folgenden Sonntag. Jan und Trina gingen am Vormittag zur Kirche und nachmittags war Gabenzählen. Die nächsten Freunde kamen noch einmal in Jans Haus zu Kaffee und Butterkuchen und mit leuchtenden Augen lud Trina zum ersten Mal als Hausfrau zum Essen und Trinken ein.

Als nach dem Kaffee die Tische abgedeckt waren, holte Jan das Laken mit den Gaben aus der Truhe und legte es auf den Tisch. Auch Tinte und Papier kamen wieder hervor. Trinas Mutter, Anna Helms, knüpfte das Laken auf und wickelte die Gaben aus. Sie waren alle in weißes Papier gewickelt, mit Sprüchen versehen und mit Zwirnsfaden verknotet. Sie las nun vor, was auf dem Papier stand und legte das Geld auf einen Haufen.

Einer, der gut schreiben konnte, musste alle Namen auf den großen Zettel schreiben und wieviel sie gegeben hatten, denn danach richtete sich, was Jan und Trina, wenn sie später zu einer Hochzeit eingeladen wurden, dort als Gabe geben mussten. Meistens stand auf dem Papier ein netter Glückwunsch, manchmal aber auch ein schöner Spruch, so wie dieser: »Herr Bräutigam und Jungfer Braut, bald hätte ich es vergessen: Viel Glück! Ihr werdet heut getraut, ich komme mit zum Essen. Es geh' Euch wohl, verliebtes Paar, je länger und je lieber. Der Himmel mache dieses wahr, spreche seinen Segen drüber.«

So gab es viel zu lesen, alle hörten zu und lachten bei den schönen Sprüchen. Jan zählte das Geld zusammen und rechnete im Stillen aus, wie viel er bei der Hochzeit wohl übrig hatte. Trina aber sammelte leise die Zwirnsfäden, die um die

Gaben gewickelt waren. Sie wollte die ersten Hemden und Windeln für das erste Kind damit säumen, denn das sollte den Sprösslingen Glück bringen.

Schlittenfahrt auf der Elbe um 1840

»Junge, Junge«, sagte Jan Blohm zu seiner Grete, »heute Nacht hat es aber tüchtig gefroren. Das Eis auf der Elbe muss nun doch an allen Stellen halten. Köpckes waren schon vorgestern mit ihrem Pferdeschlitten an der Binnenseite von Lühesand unterwegs. Wir wollen morgen früh auch mal nach Hamburg raufrutschen, wir beiden, Claus und das Mädchen. Onkel Hinn und Tante Met könnt ihr auch Bescheid sagen, die fahren gewiss gerne mit.«

Jan holte sein Pferd aus dem Stall und ließ es beim Schmied neu beschlagen. Dann zog er den alten bunten Pferdeschlitten aus der Scheunenecke und wischte den fingerdicken Staub ab. Die Frauen schmierten Butterbrote, packten Stuhlkissen, Schafsfelle und Wolldecken auf den Schlitten und stellten Füerkieken* und Wärmflaschen parat.

Am anderen Morgen, noch halb im Dunkeln, zogen die Männer das Pferd und den Schlitten

* Behälter für glühende Kohlen zum Füße wärmen.

vorsichtig über den Deich. Die Frauen kamen mit Füerkieken und Wärmflaschen hinterher. Auf der Elbe spannten sie an. Als alle im Schlitten saßen, sich warm eingepackt und die Männer die Pfeifen angesteckt hatten, ging es los. Sie waren nicht die einzigen, die elbaufwärts gleiten wollten. An einige Pferdeschlitten hatten die Jungen ihre Kinderschlitten angebunden und brauchten bloß ab und zu mal zu lenken, wenn es gar zu sehr schlingerte. Das war eine lustige Fahrt und machte jung und alt tüchtig Spaß.

Bei Schulau standen auf der Elbe schon die ersten Buden und Zelte. Hier konnten sich alle etwas aufwärmen, die tüchtig durchgefroren waren. Auf kleinen Holzkohlenöfen summten den ganzen Tag der Grog-Kessel und der Eierbiertopf. Auch braune Kuchen und Zuckerstangen, Schmalzbrezeln und andere Leckereien gab es zu kaufen, fast wie auf dem Jahrmarkt.

Als sie so einige Stunden unterwegs waren und ihre Hände und Füße allmählich eiskalt geworden waren, hielten sie bei einer Bude an. Die Männer hoben einige steife Grogs und stopften sich die Pfeifen wieder frisch mit Tabak. Die Frauen genossen Schmalzgebäck und Eierbier, ließen sich frische Holzkohle in die Füerkieken packen und heißes Wasser in die Wärmflaschen gießen. Als alles wieder im besten Lot war und das Pferd dabei auch nicht vergessen worden war, ging die Fahrt weiter.

So gegen Mittag hielten sie noch einmal bei einem großen Zelt nahe Altona. Dort trafen sie ein paar Bekannte, die vom steifen Grog schon ziemlich lustig geworden waren und ihre schönsten Lieder sangen. Claus und die Frauen stimmten gleich mit ein. Jan und Onkel Hinn brachten mit drolligsten Döntjes alle zum Lachen.

Etwas beschwipst fuhren sie dann unter Lachen und Singen nach Hause. Das Pferd, das keinen Grog abbekommen hatte, fand von selbst genau die Spur wieder zurück, die sie gekommen waren und lief noch viel schneller als auf dem Hinweg.

So gegen fünf waren sie wieder zu Hause. Die Männer spannten aus, fütterten das Pferd und brachten den Schlitten an Ort und Stelle. Grete stocherte das Feuer durch und legte Holz und Torf nach, bis alles so recht in Glut war. Dann legte sie ein halbes Dutzend Grützwürste auf den Wurstrost. Als die schön heiß und kross waren, setzten sie sich alle zusammen in die warme Stube, ließen sich das Abendbrot gut schmecken und erzählten dabei noch lange von der lustigen Schlittenfahrt.

Das Fährhaus Kirschenland in Wisch

... hat sich auf große Veranstaltungen spezialisiert, besonders die Maskerade am letzten Januarwochenende ist legendär. An den großen Gabenhochzeiten nehmen im Alten Land gut und gerne 300 bis 400 Gäste teil, fast die ganze Dorfgemeinschaft. Da werden viele helfende Hände benötigt, Organisationstalent und manchmal auch ungewöhnliche Ideen.

»Vor dem Krieg wurden einmal fast 1.000 Gäste zum Gulasch-Essen erwartet. Nun war es ein heißer Hochsommertag, da kann Gulasch leicht sauer werden und Kühlschränke gab es noch nicht. Meta und Anni wussten sich zu helfen. Das Fleisch, das in kleinen Portionen angebraten wurde, kam in große Waschbaljen (Bottiche), die mit Wasserschläuchen umwickelt wurden, durch die ständig kühles Wasser fließen musste! So gelang auch dieses Unternehmen!« (W. Stubbe)

Gesche Pohndorf diente über Jahrzehnte als Toilettenfrau und trug ihr Leben lang die Altländer Tracht, besonders aber zeichnete sie sich durch ihre große Sparsamkeit aus. Peter Moje aus Wisch, der häufig mit hinter dem Tresen bediente, schrieb später über »Geschen Pohndörp«:

»Gesche und Jakob hatten es durch viel Arbeit zu etwas gebracht, sie hatten 1914 schon zwanzigtausend Mark auf die hohe Kante gelegt.

Aber der Krieg und die Inflation machten ihnen einen Strich durch die Rechnung und sie mussten wieder von vorn anfangen. Sie hatten eine kleine Wohnung bei uns in der Nachbarschaft. Wenn im Dorf eine Hochzeit war, ging Jakob als Hochzeitsbitter los und Gesche verdiente ihr Geld als Toilettenfrau. Gesche hatte es auf mich abgesehen, sie wollte mir absolut das Sparen beibringen.

Als ich einmal auf der Straße bei ihr vorbeilief, rief sie mir zu: »Mein Junge, du musst neben der Straße auf dem Weg laufen, dann geht das nicht so auf die Schuhsohlen!« Auch im Sommer, wenn die Hamburger kamen, passte Gesche bei Pickenpack als Toilettenfrau auf. Wenn sie nichts zu tun hatte, holte sie sich den Kaffeesatz aus der Küche und streute ihn draußen in der Sonne zum Trocknen auf Papier. Nun hatte sie das ganze Jahr Bohnenkaffee zu trinken und das hat sie keinen Pfennig gekostet.

Sie sagte immer: »Wenn du sparen willst, dann musst du beim Streichholz anfangen, mein Junge!« Von ihren neununddreißig Mark Rente im Monat hat sie noch einen Taler zurückgelegt und so hat sie es fertiggebracht, dass sie das meiste Geld beisteuern konnte, als ihr Sohn ein eigenes Haus gebaut hat.«

Von Pflanzen und Tieren

Die unterschiedlichen geologischen und wirtschaftlichen Gegebenheiten von Marsch und Geest beschreibt die nächste Geschichte. Die Geest besteht aus den sandigen, mit Findlingen durchsetzen Moränen der vorletzten Eiszeit. Bis zur Erfindung des Mineraldüngers hatten die Geestbauern schwer zu ackern, um auf dem kargen Land ihr tägliches Brot zu verdienen. Das Alte Land dagegen liegt im Elbe-Urstromtal, das bis zur Eindeichung im Wechsel der Gezeiten ständig überflutet wurde. Die vom Fluss mitgebrachten Sedimente trugen zu einer gesegneten Fruchtbarkeit der Elbmarschen bei. Die außergewöhnlich ertragreichen Böden waren gut geeignet für Ackerbau, Viehzucht und Obstanbau, sie bildeten die Grundlage für den Wohlstand der Marschbauern. Allerdings hatten sie den Kampf gegen die Fluten zu leisten. Der hohe Grundwasserstand behagt auch nicht allen Pflanzen, wie das folgende Märchen zeigt.

Die schmucke Tanne

Es ging schon auf den Herbst zu. Da spannte Garleff Moje aus Twielenfleth das Pferd an, fuhr auf die Geest hinauf und kaufte in Bliedersdorf ein Fuder Holz.

Als er durch Heide und Wald zurückfuhr, sah er am Wegrand eine kleine, hübsche Tanne stehen.

»Sieh an«, dachte Garleff Moje, »das ist mal eine schmucke Tanne, die mag ich leiden.«

Er hielt an, stieg vom Wagen und ging auf die Tanne zu. »Dich will ich mit nach Twielenfleth nehmen«, sagte Garleff Moje zu der Tanne, »du sollst in unserem Vorgarten stehen. Meine Adele wird sich freuen.«

Die kleine Tanne erwiderte: »Mir soll das recht sein. Ein bisschen von der Welt sehen, kann nicht schaden. Wo liegt denn Twielenfleth? Reisen wir weit?«

»Ein paar Stunden dauert der Weg«, antwortete Garleff Moje, grub die Tanne aus der Erde und legte sie auf den Wagen. Dann stieg er wieder auf und fuhr weiter.

Als er in Twielenfleth ankam, pflanzte er die kleine, schmucke Tanne sofort in den Vorgarten. Seine Adele stand dabei und rief: »Was machst du mir für eine große Freude, Garleff. Zwischen all den Bartnelken und Fuchsien nun auch eine Tanne!«

Die Tanne war sehr vergnügt. Was gab es auch bloß alles zu gucken!

»Was ist das für eine grüne Mauer?«, fragte sie Garleff Moje.

»Grüne Mauer? Das ist der Elbdeich. Wachs man tüchtig, dann kannst du darüber hinweggucken.«

»Und was kann ich dann alles sehen?«, fragte die Tanne.

»Die Elbe und all die Schiffe und auf der anderen Seite Holstein und, wenn es klares Wetter ist, Wedel und Blankenese«, sagte Garleff.

»Und was sind das alles für Bäume?«, fragte die Tanne.

Da erklärte ihr Garleff, was Kirschen- und Pflaumen-, Apfel- und Birnbäume waren.

Da meinte die Tanne: »Was ist das Alte Land bloß für ein eigenes Stück Erde. Aber fein ist es hier.«

Nun gab sich die Tanne viel Mühe und wuchs tüchtig. Sie wollte ja so gern über den Elbdeich gucken. Es dauerte auch bloß ein paar Jahre, da guckte sie schon mit der Nasenspitze über den Deich. Junge, was freute sie sich! Die breite Elbe lag in der Mittagssonne, große und kleine Schiffe fuhren vorbei, die Kleinfischer warfen ihre Netze aus, die Wolken segelten am Himmel und auf der anderen Seite konnte sie den Kirchturm von Wedel sehen. Und weit hinten, klein wie Spielzeug, Blankenese. Und dann das Spiel von Ebbe und Flut! Was es alles gab!

Aber auch der Wind bekam sie nun zufassen, und als der Winter kam, und mit ihm die schlimmen Nächte, da fuhr der Sturm ihr böse in die Perücke. Sie musste sich sehr gut mit den

Füßen in der Erde festhalten, sonst wäre sie umgeweht worden. Und heftig verkühlt hatte sie sich auch. Sie kam aus dem Schniefen gar nicht raus. Mit den Apfel- und Kirschbäumen hatte sie sich überhaupt nichts zu sagen. Was die nicht alles redeten! Damit konnte sie einfach nichts anfangen.

So gingen die Jahre hin, und so langsam kam zu all der Freude auch das Leid. Die Tanne fing an, bleich zu werden und traurig aus den Augen zu gucken.

Das fiel Garleff Moje auf und er fragte: »Ich weiß nicht, Tanne, du siehst recht hinfällig aus. Fehlt dir was?«

Da antwortete die Tanne bedrückt: »Ja, Bauer, du darfst mir nicht böse sein. Aber ich sehne mich nach der Geest zurück.«

»Wie kommt das? Dir gefiel es doch gut bei uns.«

»Ja«, seufzte die Tanne, »da hast du Recht. Aber du musst mich verstehen, Bauer. Ich fühle mich verlassen. Ich gehöre hier nicht her. Ich bin auf der Geest zuhause. Immer habe ich nasse Füße. Der Dunst, der aus Elbe und Lühe und den vielen Gräben steigt, liegt mir schwer auf der Brust. Ich komme aus dem Husten gar nicht mehr heraus. Und mit den Apfel- und Kirschbäumen kann ich mich schlecht verstehen. Was weiß ich von ›glatt und schier‹, von Siften und Kiepen, von Prinzen und Boskop und ›grün nach England reisen‹. Und die Gärten hier sind immer so piekfein. Alle Wege sind geharkt. Fällt mal ein Tropfen Regen, gleich kommt Adele und harkt den Weg wieder über. Kein Hase und kein Fuchs läuft unter mir herum. Kein Wandersmann schläft mir zu Füßen. Kein Eichhörnchen läuft auf meinen Zweigen. Und dann die schlimmen Nächte mit dem grässlichen Sturm, und bei Westwind schmecke ich immer Salz auf der Zunge.«

Da antwortete Garleff Moje: »Du tust mir leid, Tanne, ich kann dich gut verstehen. Was kann ich für dich tun? Soll ich dich ausgraben und wieder zur Geest hinaufbringen?«

»Nee«, widersprach die Tanne, »das lass man nach, Bauer. Zum Umpflanzen bin ich zu alt. Wenn du mir helfen willst, hau mich um und verbrenn mich. Du hast mich als schmucke Tanne nach Twielenfleth geholt, heute bin ich bloß noch ein schwacher, trauriger Baum.«

»Dann muss ich das wohl tun«, erklärte Garleff Moje, ging in sein Haus und holte die Axt.

Als er die Tanne umschlug, sagte er: »Nun sei nicht böse auf mich. Ich habe es gewiss nicht schlecht gemeint.«

»Das glaube ich dir gern«, entgegnete die Tanne, »was weiß schon ein Marschbauer von der

Geest und eine kleine Tanne vom Leben.« Just kam der Tischler den Deich entlang.

»Hast du die Tanne gefällt?«, rief er Garleff Moje zu.

»Ja«, antwortete der, »soll Feuerholz werden.«

»Feuerholz?«, fragte der Tischler, »das lass nach, ich kann die Tanne besser gebrauchen. Ich soll für einen kleinen Geestbauern einen Schrank tischlern, und der darf nicht viel kosten.«

Daraufhin schenkte Garleff Moje dem Tischler die Tanne, und der machte aus ihr einen feinen Schrank.

Als der Schrank fertig war, meinte der Tischler zu Garleff Moje: »Was ist das bloß für ein seltsames Holz gewesen? Der Schrank glänzt ... da kannst du dich drin spiegeln.«

Da schmunzelte Garleff Moje und schwieg.

Der Tischler lud den Schrank auf den Wagen und fuhr ihn zu dem Geestbauern. Dessen kleine Kate stand gegenüber dem Wald. Als er den Schrank sah, machte der Geestbauer große Augen und rief: »Tischler, so ein teures Holz kann ich gar nicht bezahlen.«

Da lachte der Tischler und entgegnete: »Das lass man meine Sorge sein.«

Der Geestbauer freute sich, dass er einen so feinen Schrank bekommen hatte, stellte ihn auf seine kleine Diele und sagte: »Heute ist ein grauer und nasser Tag. Aber in meiner Kate lacht die Sonne.«

Die Tanne, die nun ein schmucker Schrank geworden war, weinte und lachte zugleich. Nun war sie wieder zu Hause. Sie konnte aus dem Fenster gucken und den Wald sehen.

Und nachts, wenn alles schlief, hörte sie auf das Rauschen des Waldes und ihr Herz klopfte.

Butterblume und Distel

Es war ein Sommertag. In den kleinen Gärten an der Lühe blühten Feuerbohnen und Kapuzinerkresse. Und auf den Wiesen und an den Deichen blühten die Butterblumen. Zwischen den Butterblumen stand eine Distel, die hatte ein tiefgrünes Kleid und an allen Armen scharfe Stacheln.

»Was ist das bloß für eine Schande,« riefen die Butterblumen, »dass wir so eine alte Distel bei uns zu stehen haben.«

»Was soll so ein Gewäsch«, antwortete die Distel, »lasst mich zufrieden! Ich tue euch auch nichts.«

»Du trägst ja nicht einmal eine Blume«, riefen die Butterblumen. »Natürlich habe ich die Blume auf dem Kopf«, entgegnet die Distel, »ihr könnt sie bloß nicht sehen. Ihr seid zu klein.«

Da kamen Kinder den Deich entlang. »Lasst uns Blumen pflücken!«, riefen sie und fingen an, die Butterblumen abzureißen. Als die Kinder die Distel fanden, riefen sie: »Was für eine feine Blume! Guck, wie eine kleine Krone!« Aber als sie die Distel pflücken wollten, ließen sie es ganz schnell sein.

»Au!«, riefen sie, »die sticht böse!«

Die Distel rief: »Wollt ihr wohl? Mich zu pflücken!«

Da pflückten die Kinder all die Butterblumen ab und nur die Distel blieb übrig.

Abends kamen die Kinder auf dem Deich zurück. Da sagte eines von ihnen: »Die Blumen sind mir in der Hand vertrocknet« und warf sie weg. Da lagen die Butterblumen vertrocknet auf dem Deich, waren halb tot und konnten bloß noch leise sprechen. »So feine Blumen wie wir sind. Werden abgerissen und weggeworfen.«

Das hörte die Distel und sagte: »Hübsch sein allein taugt nicht viel. Wer Blumen trägt, muss sie auch hüten.«

Von der klugen Maus

In Haus und Scheune, Apfelscheuer und Schafskoben sprangen und tanzten die Mäuse herum. Manchmal sagte die Bauersfrau zu ihrem Mann: »Die Mäuse, die fressen uns noch die Haare vom Kopf, da muss eine Katze her.« Der Mann aber antwortete: »Geh mir weg mit den Katzen, ich kann das Viehzeug nicht leiden.«

Als aber immer mehr Mäuse herumsprangen und am helllichten Tag auf dem Tisch tanzten, da sagte der Bauer: »Wenn es denn sein muss, dann hol einen Kater ins Haus. Hat er aber die Mäuse aufgefressen, dann jage ich das Biest wieder vom Hof.« Da holte die Frau einen Kater ins Haus und die Mäuse kriegten schlechte Tage. Junge, junge, was fingt der Kater für einen Berg Mäuse. Meistens war ihm das selbst zu viel. In der Früh Mäuse, mittags Mäuse, abends Mäuse, nachts Mäuse, nichts als Mäuse.

»Ich muss unbedingt mal ein paar Fliegen fressen, sonst wird mir von all den Mäusen noch schlecht«, sagte sich der Kater manchmal.

Na, allmählich hatte er dann auch all die Mäuse aufgefressen. Zuletzt lebte im Haus nur noch eine kleine Maus. Als der Kater auch diese Maus beim Schwanz packte, da rief die Maus: »Kater, Kater, mach mich nicht tot, sonst jagt dich der Bauer vom Hof.«

»Was sagst du da«, rief der Kater, »erzähl mal, das will ich genau wissen.« Da erzählte die Maus: »Der Bauer kann keine Katzen und Kater leiden. Als die Frau dich geholt hat, sagte er: ›Hat das Biest die Mäuse erst aufgefressen, jage ich es vom Hof.‹ Ist das nicht besser, Kater, du lässt mich leben und wir werden gute Freunde?«

Der Kater schnurrte eine Weile vor sich hin, dann antwortete er: »Du hast recht, kleine Maus, ich lasse dich leben. Du läufst ein paarmal am Tag durch Haus und Hof und ich jage dich. Ich glaube, so haben wir beide gute Tage. Mir ist das blöde Mäusefressen auch schon richtig über.«

Und so kam es. Kater und Maus wurden gute Freunde.

Sagte der Bauer zu seiner Frau: »Du, ich glaube, die Mäuse sind weg, wir können den Kater wegjagen«, dann sprang die Maus schnell durch Haus und Hof, setzte sich dem Bauern nachts auf die Nase, kitzelte ihn am großen Zeh. Dann jagte der Kater die Maus, wie es sich gehört, und hinterher saßen Kater und Maus zusammen in der Sonne und lachten und erzählten sich Geschichten. Gute Zeiten hatten die beiden.

Jahr um Jahr ging vorüber. Die Bauersfrau freute sich, dass keine Mäuse mehr im Haus waren und der Mann hatte längst vergessen, den Kater wegzujagen. Kater und Maus aber lebten als gute Freunde.

So ist es auf dem Hof heute noch, wenn sie nicht gestorben sind.

Adebar und der Frosch

Adebar spazierte mit seinen langen Beinen auf den Lühewiesen herum. Da saß auf einmal ein großer, fetter Frosch vor ihm. »Guck an«, sagte Adebar, »ein feiner fetter Frosch! Der soll mir schmecken.«

Gerade wollte Adebar sich den Frosch mit seinem langen Schnabel greifen, da verdrehte der Frosch schnell die Augen und rief: »Sieh dich vor!«

»Was soll ich mich vorsehen«, erwiderte Adebar, »du bist ein feiner fetter Frosch und sollst mir gut schmecken.« Der Frosch aber rief: »Ich bin kein Frosch! Ich sehe bloß so aus!«

»Was ist nun los«, fragte Adebar, »du bist kein Frosch?«

»Nee«, rief der Frosch, »lass dir das erklären.«

»Ja«, sagte Adebar, »das musst du wohl, sonst fresse ich dich, Fettbauch!« Da fing der Frosch an: »Adebar, du kennst doch den Kaufmann aus dem Dorf?«

»Ja«, antwortete Adebar, »den kenn ich«.

»Siehst du«, rief der Frosch, »sieht der nicht aus wie ein Bürgermeister?«

»Ja«, antwortete Adebar, »da hast du Recht. Kein Mensch hält den für einen Kaufmann.«

»Sieh«, rief der Frosch, »du kennst doch auch Adele, die bei Bauer Semmelhook dient?«

»Ja«, antwortete Adebar, »Adele, die dicke Adele kenne ich gut.«

»Ha«, rief der Frosch und griente über das ganze Gesicht, »die Dicke sagst du? Ha, die sieht bloß so dick aus! Die trägt sieben Röcke und fünf Hosen! Das ist eine ganz magere Jungfer! Ha!«

»Guck mal an«, erwiderte Adebar, »was es nicht alles gibt.«

»Ja«, rief der Frosch, »was es nicht alles gibt. Du kennst doch auch den Händler, der jede Woche durch unser Dorf kommt? Weißt schon, der mit Töpfen und Pfannen handelt?«

»Ja«, sagte Adebar, »den armen Schlucker kenne ich gut.«

»Ha«, rief der Frosch, »armer Schlucker! Das ist ein reicher Kerl. Der hat sechstausend Taler auf der Stader Sparkasse! Der sieht bloß so arm aus!« Da schüttelte Adebar den Kopf und sagte: »Wie kann das bloß angehen.«

»Ja, wie kann das angehen«, rief der Frosch und verdrehte wieder die Augen wie verrückt, »sieh, Adebar, und so, wie der Bürgermeister gar kein Bürgermeister und die Dicke gar keine Dicke und der arme Schlucker ein ganz reicher Kerl ist, so bin ich kein Frosch. Ich sehe bloß so aus!«

Da antwortete Adebar: »Wie gut, dass du mir das erklärt hast, ich hätte dich für einen Frosch verzehrt, ohne mir dabei was zu denken.«

»Das magst du wohl sagen«, griente der Frosch, »und gewiss hätte ich dir schwer auf dem Magen gelegen.«

»Ja«, sagte Adebar, »das hättest du wohl«, nickte und spazierte weiter.

Der Frosch setzte sich an den Schlickrand von der Lühe, freute sich, dass er lebte und fing an, sein Abendlied zu singen. Adebar kam aber nicht aus dem Grübeln raus.

»Mensch«, dachte er, »der Bürgermeister ist ein Kaufmann, die dicke Adele ein mageres Weib, der arme Schlucker ein reicher Kerl? Ach, hättest du den Frosch bloß gefragt, was er denn ist!«

Da hörte er den Frosch sein »Buuaak, Buuaak« rufen.

»Das ist doch ein Frosch«, rief Adebar, »der Lümmel hat mir was vorgeschwindelt!«

Und so schnell, wie er konnte, flog er zurück. Als der Frosch sah, dass Adebar verärgert zurückkam, duckte er sich tief in den Schlick. Adebar rief über die Lühe: »Frosch, ich weiß nun, was du bist!«

»Was bin ich denn?«, rief der Frosch aus dem Schlick. »Ein großer Lügenbold«, schrie Adebar, »ein Betrüger!«

»Ha«, rief der Frosch, »was schadet das? Ich sitze fein warm im Schlick.« Adebar war doll verärgert und rief: »Wo bleibt da Treu und

Glauben!« Da lachte der Frosch und guckte mit einem Auge aus dem Schlick.

»Treu und Glauben?«, rief er, »Adebar, was nützt mir Treu und Glauben, wenn ich das Leben dabei verliere?« Dann drückte sich der Frosch tiefer in den Schlick. Er konnte Adebars langen Schnabel nicht leiden.

Adebar flog schlecht gelaunt zum Nest und erzählte alles seiner Frau. Die klapperte mit dem Schnabel und sagte: »Die Welt wird immer schlechter. Nun lügen schon die Frösche.«

Unheimliches

Zwischen zwölf und eins

Jan hatte sich ziemlich verspätet und weil seine Rebekka bestimmt schon auf ihn wartete, nahm er die Abkürzung über den Kirchhof. Als er den schmalen Weg zwischen den Gräbern entlang ging, schlug die Turmglocke gerade zwölf. Jan fing an, etwas schneller zu laufen, denn in der Geisterstunde so ganz allein auf dem Kirchhof zu sein, war ihm doch ein bisschen unheimlich.

Da hörte er mit einem Mal eine heisere, tiefe Stimme sagen: »Mein Kopf, dein Kopf, mein Kopf, dein Kopf«, und dicht bei der

Kirchhofsmauer bewegten sich zwei gruselige Schatten. Jan wollte vor Angst fast das Herz stehen bleiben. Er mochte sich kaum noch bewegen. Dann gab es also doch sowas. Er hatte da eigentlich gar nicht so recht dran glauben wollen. Die tiefe Stimme sagte noch immer: »Mein Kopf, dein Kopf, mein Kopf, dein Kopf.« Dann hörte er eine andere Stimme dazwischen sagen: »Diese Köpfe sind nicht so gut, die waren noch nicht lange genug in der Erde.«

Jan hielt die Luft an und bibberte vor Angst. An den beiden Schatten vorbeigehen konnte er auf keinen Fall, das war ihm einfach nicht möglich. Was sollte er bloß machen? Dem Pastor Bescheid sagen? Och ja, das wollte er man tun. Er ging zum Pastorenhaus und klopfte da an verschiedene Fenster. Endlich hatte er das richtige getroffen. Erst war der Pastor ziemlich ungnädig, dass er gerade aus dem tiefsten Schlaf geholt wurde. Er fasste sich aber schnell, steckte ein Talglicht an, fuhr in seinen Schlafrock und machte Jan die Tür auf.

Jan erzählte ihm die gruselige Geschichte, dass gerade beim Glockenschlag zwölf zwei Schattengestalten auf dem Kirchhof angefangen hatten, mit Totenköpfen zu spielen und das wahrscheinlich noch machten. Der Pastor, der ganz und gar nicht an Spuk glaubte, hörte sich das an, schüttelte mit dem Kopf und meinte, Jan hätte wohl geträumt, so etwas wäre unmöglich, das gebe es einfach nicht.

Aber Jan blieb dabei, dass er die zwei Geister selbst gesehen hätte, die sich die Totenköpfe aus der Erde geholt hatten. Der Pastor wollte sich überzeugen, was da eigentlich los war und ging mit Jan auf den Kirchhof. Ganz sachte schlichen sich die beiden Mannslüüd zu der Stelle, die Jan bezeichnet hatte.

Die beiden Schattengestalten waren noch da, auch der Pastor sah sie ganz deutlich. Dann hörten sie eine tiefe Stimme sagen: »Mein Sack ist voll und deiner auch. Wir kriegen die Köpfe gar nicht alle mit, den Rest müssen wir hier wohl liegen lassen.«

Da schlug die Turmuhr gerade eins. Die beiden Gestalten nahmen jeder einen Sack auf den Buckel und verschwanden. Der Pastor voran und Jan langsam hinterdrein gingen zu der Stelle, wo die beiden anderen gewesen waren. Und was sahen sie da liegen: ein halbes Dutzend Kohlköpfe!

Auch hier war es wie bei jedem Spuk ganz natürlich zugegangen. Gleich hinterm Kirchhof hatte der Pastor sein Gartenland. Da haben ihm zwei Spitzbuben nachts die Kohlköpfe abgeschnitten, sie über die Mauer geworfen und sie sich auf dem Kirchhof geteilt. Man soll sich nicht so schnell Bange machen lassen!

Besuch im Dunkeln

Ludke Feindt hatte den ganzen Tag über Klei gegraben. Nun war Feierabend, und er saß auf seiner kleinen Diele im Lehnstuhl, hatte sich neben den Herd gesetzt, um warm zu werden. Denn Klei graben und mit den großen Stiefeln im Wasser stehen, tut in den Knochen weh. Es war schon früh schummerig geworden, aber Ludke Feindt hatte noch kein Licht angezündet. Er mochte zu gern im Dunkeln sitzen … Es ließ sich dann über alles so fein nachdenken … In der Dämmerung krochen aus allen Ecken die alten Zeiten …

Da hustete einer hinter ihm. Als Ludke Feindt sich umsah, stand der Tod auf der Diele, hatte die Sense über die Wassertonne gelegt und klopfte sich mit den Armen um den Leib, als friere er tüchtig.

Ludke Feind machte große Augen und rief: »Guck an, der Tod! Was willst du denn bei mir?«

»Bisschen aufwärmen«, sagte der Tod und kam näher. »Ich bin schon früh von zu Hause weggegangen und meine Arme und Beine sind ganz steif geworden.

»So«, sagte Ludke Feindt »und das muss ausgerechnet bei mir sein? Dann nimm dir einen

Stuhl und setz dich mit ans Feuer. Aber komm mir nicht zu nah! Das ist ja klar, dass du frieren musst! Mensch, zieh dir eine Hose an! Ich kann das Klappern gar nicht hören. Und leg dir ein Kissen unter den Hintern, du kriegst lahme Knochen beim Sitzen.« Das tat der Tod, nahm sich einen Stuhl, legte sich ein Kissen unter den Hintern und setzte sich zu Ludke Feindt ans Feuer. Hielt die Hände über die Glut und sagte »Das tut gut, Ludke.«

Ludke Feindt sah seinen Gast von der Seite an und antwortete: »Das mag sein, Tod. Aber nun sag, was willst du in meiner Kate? Bloß aufwärmen? Gerede! Lügen kann ich nicht leiden! Ich habe für dich keine Zeit, muss noch sehr viel Klei graben.« Da guckte der Tod Ludke Feindt an, schmunzelte und sagte: »Angsthase! Dich habe ich noch gar nicht auf dem Zettel. Ich freue mich, mal einen Menschen zu treffen, der ein gutes Wort zu führen weiß. Unsinn muss ich mir genug anhören. Komme ich den Deich entlang und sehen mich die Leute, schreien sie: Der Tod! Der Tod! Und kneifen aus, so schnell sie können. Hat nicht jeder Mensch seine Arbeit? Müssen wir nicht alle auf unserem Posten stehen? Das muss doch so sein, Ludke. Du bist Bauer, der andere Kaufmann. Wieder andere sind Schuster und Schneider. Ja, und ich bin der Tod.«

»Was du sagst, hat Hand und Fuß«, antwortete Ludke Feindt, »fast kannst du mir leidtun. Wenn du magst, schenke ich dir einen Zwetschenschnaps ein.«

»Lass sein«, sagte der Tod, »den Schnaps gönnst du mir sicher, aber ich muss in Guderhandviertel noch einem jungen Mädchen über die Schwelle helfen.«

»Gut, dass du das sagst«, rief Ludke Feindt, »also, Tod, das kann ich nicht fassen. Du bist wohl doch kein Guter. Wo die Menschen auf dich warten, bleibst du weg. Denk mal an meine alte Tante Grete. Die wartet schon seit langen Jahren auf dich. Aber wo dich keiner brauchen kann, da kommst du angeschlichen. Ist das nötig, kleine Kinder und junge Frauen zu holen? Menschen, die erst leben sollen? Ja, Tod, nun guckst du! Aber das muss ich dir sagen. Da kann ich keinen Sinn drin finden.«

Da guckte der Tod Ludke Feindt tief in die Augen und antwortete: »Ludke, Ludke, dass ihr Menschen das Grübeln und Suchen nicht lassen könnt. Wenn du den Sinn vom Leben begreifen kannst, wärst du kein Mensch mehr. Mir tut es selbst leid, wenn ich ein junges Menschenkind holen muss. Aber was sein muss, muss sein. Ich gucke auch nicht hinter die Gardinen, tue bloß, was unser Boss mir sagt. Aber nun muss ich weiter. Wenn ich mal wieder am Deich entlangkomme, gucke ich bei dir rein.«

»Meinetwegen«, sagte Ludke Feindt, »bloß nicht, um mich zu holen! Wie soll das wohl aussehen, wenn ich mit dir altem Knochenkerl am Deich langziehe.«

»Knochenkerl?«, rief der Tod ärgerlich und sprang auf. »Wenn du das so meinst, Ludke, besuche ich dich nicht wieder. Du bist ja ein großer Flegel.« Dann riss er die Seitentür auf und stieg mit großen Schritten auf den Deich.

Ludke Feindt lief ihm nach! »Tod«, rief er, »so habe ich das ja gar nicht gemeint! Lass mich bloß nicht auf meine alten Tage sitzen! Siech und lahm und dann keine Hilfe von dir?« Da kam der Tod zurück, gab Ludke Feindt die Hand und sagte: »Na, dann ist gut. Und ein andermal trinken wir einen Zwetschenschnaps.« Dann schob er weiter.

Als Ludke in seine Kate ging, lag die Sense noch über der Wassertonne. Da nahm Ludke Feindt die Sense, lief dem Tod abermals nach und rief: »Tod, deine Sense!« Da schüttelte der Tod den Kopf und erwiderte: »Junge, die habe ich glatt vergessen. Danke schön, Ludke. Aber nun wird es Zeit.«

Ludke Feindt hat an dem Abend kein Licht mehr angezündet. Er saß die ganze Nacht am Feuer und grübelte über seinen Besuch nach.

Der unterirdische Gang bei der Esteburg

Es soll wahr sein, so haben es die Alten an der Este oft erzählt, dass ein langer, unterirdischer Gang von der Esteburg nach der Estebrügger Kirche führte. Der Ritter, der auf der Esteburg wohnte, hat es recht sauer beim Anlegen gehabt, weil dieser lange Gang unter der Este hindurch gegraben werden musste.

Manche Leute meinen, er habe den Gang graben lassen, um ungehindert in die Kirche und zur Messe gehen zu können, denn dabei hätten ihm manchmal böse Leute aufgelauert. Andere aber haben es so gehört, dass der Ritter, der ein böser Raubritter war, seine Schätze alle sicher verstecken musste und dazu dieses unterirdischen Ganges bedurfte, der tief und auch breit genug war.

Zu seinen Lebzeiten fuhren noch allerlei Schiffe, besonders Frachter mit vielen herrlichen Waren und Schätzen aus fremden Ländern die Este aufwärts nach Buxtehude, und es ist eine Zeitlang gutgegangen, bis die Kaufleute der Hanse sich zur Wehr setzten, den Raubritter eines Tages schnappten, ihn bei lebendigem Leibe in den dunklen Gang einmauerten und dann alles so verschütteten, dass niemand ihn je wiederfinden konnte.

Vor Zeiten hat manchmal ein hässlicher Zwerg am Ufer der Este gegenüber der Estebrügger

Kirche gesessen. Das soll aber niemand anders gewesen sein als der Raubritter, der in seinem unterirdischen Gewölbe umging und mit der Zeit ein gar erbärmliches, zwergenhaftes Aussehen bekam. Wenn aber die Unentwegten näher herantraten und genau hingeguckt haben, ist es gar kein Zwerg gewesen, sondern ein morscher Baumstumpf. Die Buxtehuder aber hatten das Raub- und Diebesgut vorher alles herausgeholt. Darum soll es seitdem niemand gewagt haben, in den Gang einzudringen oder dort nachzugraben. Dem eingemauerten Raubritter hat niemand begegnen wollen.

Ausflug auf die Geest

An der Lühe und in einem nicht näher genannten Schloss spielt die nächste märchenhafte Geschichte. Das Alte Land liegt im Urstromtal der Elbe und wird landeinwärts von einem Moorgürtel und der steilen Kante zur Stader Geest begrenzt. In dieser exponierten Lage am 30 Meter hohen Elbekliff ließ der erfolgreiche Feldherr Hans Christoph von Königsmarck nach dem Dreißigjährigen Krieg Schloss Agathenburg erbauen, das weithin sichtbar ist.

Vom eisernen Knopf

Da ist mal ein eiserner Knopf gewesen, der saß an einer verschlissenen Arbeitshose. Die Hose gehörte Hinni Kolster, der in Guderhandviertel gewohnt hat. Hinnerk zog die Hose immer beim Mistfahren an. Lange Jahre saß der Knopf an der Hose, hat schlechte und gute Tage mit Hinnerk geteilt und sich Wind und Wetter um die Ohren wehen lassen. Einmal aber hatte Hinnerk zu viele Mehlklöße mit Speck gegessen und er konnte die Hose kaum noch zukriegen. »Wenn das man gutgeht«, knurrte der Knopf und hielt sich mit Mühe fest.

Am Nachmittag fuhr Hinni Kolster Mist. Oh, das Mistladen mit dem vollen Bauch wurde ihm arg sauer. Als er mit dem Wagen die Straße entlangfuhr, musste er doll husten, sein mit Klößen vollgestopfter Bauch hüpfte auf und ab. Das war für den eisernen Knopf zu viel, er konnte sich nicht halten und riss ab. Flog mit Juchhei auf die Straße und blieb da liegen. Er rief noch um Hilfe, aber Hinni Kolster hatte noch mit seinem Husten zu tun und fuhr weiter.

Anderntags kam ein Reitersmann die Straße entlang, er wollte zu einer Edelfrau, die auf der Geest in einem Schloss wohnte. Der Reitersmann zog eine Schnute, denn an seiner seidenen Jacke fehlte ein Knopf. Als er den eisernen Knopf auf der Straße liegen sah, sprang er schnell vom Pferd und hob ihn auf. »Wenn es auch bloß ein eiserner Knopf ist, immer noch besser als gar keiner«, sagte sich der Reitersmann.

In Steinkirchen ließ er sich den Knopf annähen, kletterte wieder aufs Pferd und ritt durch das Alte Land zur Geest hinauf. Als der Reiter vor dem Schloss ankam, blieb dem eisernen Knopf fast das Herz stehen, so etwas hatte er bisher noch nicht gesehen. Was hatte dieses Schloss bloß für dicke, rote Mauern. Als aber der Reitersmann in das Schloss hineinging, musste sich der eiserne Knopf noch mehr wundern. Was für schwere Türen aus Eichenholz. An den Wänden überall große Spiegel und wohin der Knopf auch sah, nichts als Gold und Silber. Die Dienstboten hatten allesamt feine Kleider an und ein Diener, der den Rücken gar nicht grade kriegte, machte Tür um Tür auf. Und zuletzt saß der Reitersmann in einer kleinen, schmucken Stube. Huch, was war das vornehm. Polierte Stühle, auf den Stühlen bunte Seidenkissen und auf der Erde kein Sand, wie im Alten Land, nein, alles lag voller weicher Decken.

Leise ging die Tür auf und die Edelfrau kam herein. Was für ein schmuckes Weib. Groß und schlank war die Frau. Das weiße Rüschenkleid ging ihr bis zu den Füßen, die in grünen Schuhen steckten. Und gerochen hat die Frau. Der Knopf konnte das gar nicht richtig begreifen. Nicht nach Pferdestall, nicht nach Schafstall, nicht nach Apfelscheune, nicht nach Speck und Mehlklößen, nein, das roch, als wenn alle Blumen, die es im Alten Land gab, zusammen mit der Edelfrau in die Stube gekommen wären. Wunderbar, ja, aber das schlug dem Knopf schwer auf die Brust. Er bekam Kopfweh. Die Edelfrau kam näher, der Reiter stand auf, machte einen Diener und beugte sich über die kleine weiße Hand.

Und dann hörte der eiserne Knopf, wie schnell die beiden Menschenherzen schlugen. Allmählich wurde es Abend, die Dienerschaft brachte goldene Leuchter und zündete die Kerzen an. Die Edelfrau und der Reitersmann setzten sich zu Tisch. Die Dienstboten brachten Silberteller mit allerhand leckeren Sachen, roten Wein und kleine süße Kuchen. Stunde um Stunde ging dahin. Der Mond schien schon ins Fenster. Da saß die Edelfrau bei dem Reitersmann auf dem Schoß. Hatte ihm die Arme um den Nacken gelegt und ab und an gaben sie sich einen Kuss. Da raschelte es unter dem Tisch, eine Maus tanzte der Edelfrau über die Füße, sie verjagte sich und sprang auf. Da blieb die kleine weiße Rüsche an dem eisernen Knopf hängen und riss das Kleid entzwei.

Nun war die Edelfrau böse, sie riss den Knopf von der Jacke ab und warf ihn aus dem Fenster. Da lag der Knopf, japste und schnappte nach Luft. Mensch, was ist das doch bloß für eine Welt? Anderntags fanden ihn Kinder und ein paar Tage spielten sie mit ihm herum. Aber dann warfen sie den Knopf wieder weg und wieder lag er auf der Straße, in Matsch und Dreck, verlassen und vergessen.

Aber dann kam Hinni Kolster mit seinem Wagen voller Äpfel vorbei. »Guck an«, rief er, »da liegt ja mein eiserner Knopf, geht nichts in der Welt verloren.« Er stieg ab, hob den Knopf auf, wischte ihn an seiner Arbeitshose ab und steckte ihn in die Tasche. Zu Hause sagte er zu seiner Frau, »näh mir den Knopf an, Trina, du weißt ja, ich will morgen Mist fahren. Da freute sich der Knopf und kriegte die ganze Nacht kein Auge zu. Nun war er wieder zuhause aus der großen vornehmen Welt. Sein Herz schlug wie wild und immerzu hörte er bloß Hinnis gute Stimme: »Ich will morgen Mist fahren.«

Seefahrt

Bevor Fernseher und Computer in den Wohnstuben Einzug hielten, gingen die Altländer nach der täglichen harten Arbeit gern in die Gaststube. Im alten Gasthaus »Zur Erholung« an der Neuenschleuser Wettern hat so mancher Altländer beim verdienten Feierabendschnaps seine Tabakspfeife geschmaucht und in fröhlicher Runde alte und neue Dorfgeschichten erzählt. Altländer sind trinkfest. Der Wirt Johann Wehrt hatte einen ordentlichen Getränkeumsatz. Wenn der Tabaksqualm die Gaststube vernebelte, stieg die Stimmung und jeder wusste noch dollere Döntjes und Anekdoten beizusteuern als der Nachbar: etwa von der letzten Gabenhochzeit, bei der es mal wieder hoch hergegangen war, mancherlei Schabernack oder von Abenteuern auf See, aber auch märchenhaften Schicksalen, wie dem von Hinrich Meier. Seine sagenhafte Geschichte ist in zahllosen Schriften erschienen, am eifrigsten erforscht hat sie der rastlose Buxtehuder Lokaljournalist Martin Jank. Der folgende Text ist eine Nacherzählung aus verschiedenen seiner Publikationen.

Der König von Tonga

Hinrich Meier war 1815 im Bauernhaus Neuenschleuse 2, nicht weit von Wehrts Gasthaus als zweiter Sohn eines Landwirts und Elblotsen zur

Welt gekommen. Im Alten Land herrscht das Jüngstenrecht; der jüngste Sohn erbt den Hof, die anderen schlagen, wenn sie begabt sind, die geistliche Laufbahn ein oder fahren zur See. Mit 15 Jahren wurde Hinrich Meier Seemann und war jahrelang auf allen Weltmeeren zuhause. 18 Jahre später besuchte er noch einmal seine Mutter, danach hörte niemand mehr etwas von ihm. So sehr auch Altländer Seeleute in fremden Häfen aller Welt nach ihm fragten oder Ausschau hielten: Er blieb verschollen. Schließlich hieß es, sein Schiff habe bei einem Sturm in der Südsee Schiffbruch erlitten, die Besatzung hätte den nassen Tod gefunden.

Drei Jahrzehnte später kam der Borsteler Michael Bartels nach seiner Entlassung aus der Kaiserlichen Marine zurück ins Alte Land. Er wurde Gemeindediener und Ausrufer in Borstel. Beim abendlichen Umtrunk in der Gaststube »Zur Erholung« wartete er mit der sensationellen Neuigkeit auf, Hinrich Meier aus Neuenschleuse sei noch am Leben! – Auf diese erfreuliche Nachricht mussten alle erst einmal einen heben, besonders, weil der Wirt ein Neffe des verschollenen Seemanns war.

Bartels war mit der kaiserlichen Korvette GAZELLE 1875 bei den Tonga-Inseln gewesen und da sei er Hinrich Meier begegnet. Der hatte den Schiffbruch als einziger glücklich überlebt und konnte sich auf die Tonga-Inseln retten. – Die nächste Runde Köm wurde geordert.

Eines Tages seien am Horizont feindliche Schiffe aufgetaucht und hätten die Inselbewohner in Angst und Schrecken versetzt. Nur der blonde Altländer Hüne, Hinrich Meier, habe die Ruhe bewahrt, eine weiße Flagge geschwenkt und den unerwünschten Besuchern laut verkündet, auf der Insel herrsche die Pest. – Die Schiffe hätten beigedreht. – Für diese Heldentat habe Hinrich Meier die Häuptlingstochter zur Frau erhalten. Nun sei er König Georg I. von Tonga und habe neun hübsche Kinder. – »Wirt, noch 'ne Runde Köm!«

Die Geschichte machte Furore. Bartels konnte sie gar nicht oft genug in der Gaststube zum Besten geben, der Wirt, seine Gäste und die Einwohner von Borstel erzählten sie weiter. Eifriger Zuhörer war der Sohn des Wirtes, Johann, genannt Jan Wehrt. Er und seine Schwester, Catharine Lorentz, sammelten ein ganzes Archiv von Nachrichten über das Königshaus in Tonga. Als der Gemeindediener Bartels am Tag seiner Pensionierung gestorben war und nachdem Jan Wehrt das Gasthaus seines Vaters übernommen hatte, sorgte er emsig weiter für die Verbreitung der Familiensage. Bald standen prominente

Besucher wie Graf Luckner oder der Herzog von Windsor im Gästebuch, die sich hier den Altländer Kirschpfannkuchen schmecken ließen. Auf ihren Spuren kamen die Segler von weither und lauschten beim Grog den märchenhaften Geschichten des geschäftstüchtigen Wirtes. – Merkwürdig nur, dass die Tongalesen von der Altländer Verwandtschaft rein gar nichts wissen wollten.

Bei der Entdeckung des Expeditionsberichts der GAZELLE kam hundert Jahre später der Grund für die Zurückhaltung ans Tageslicht. Der hochbetagte König Georg I. machte zwar einen Besuch an Bord der GAZELLE, aber er sprach weder Deutsch noch Englisch, sondern brauchte einen Dolmetscher. Er konnte auch gar nicht Hinrich Meier sein. Der König wurde 1845 gekrönt, drei Jahre bevor Hinrich Meier Schiffbruch erlitt.

Der weit gereiste Gemeindediener Michael Bartels hatte ein fantastisches Seemannsgarn gesponnen und dafür ganz sicher von seinen Zuhörern und Wehrt senior so manchen Schnaps spendiert bekommen.

Die letzte Erzählung führt auf die Elbe zwischen Twielenfleth und Julsand und wurde von Hans Leip erdacht, dem Dichter des berühmten Liedes »Lilli Marlen«.

Hier dreht es sich vor allem um den Schiffsproviant. Bei den genannten »Plietfischen«, handelt es sich um Plötze. »Wewelsflether Störkringel« sind kleine, hart gebackene Kringel, Brezeln aus Mehl, Wasser, Rübensirup und Anis. Im holsteinischen Wewelsfleth an der Stör produzierten schon im 17. Jahrhundert unzählige Bäckereien tonnenweise Kringel und boten sie auch auf Hamburger Jahrmärkten feil. Vor allem aber wurden Störkringel als haltbarer Dauerproviant an Schiffer und Seeleute verkauft und bis nach Holland exportiert. Jeweils 60 Stück waren zum sogenannten Patronengurt auf ein Band gefädelt; so konnten sie am Gürtel getragen oder unter Deck mäusesicher aufgehängt werden.

Als Knecht Niklas übers Wasser ging

An dem Tag, da ab Dunkelwerden Heiligabend ist, kam ein Hamburger Gaffelschoner von Jamaika. Das Schiff hatte Kolonialrum geladen, der den Hanseaten zum Silvesterpunsch dienlich sein sollte. Der Wind blies östlich, aber die Tide lief günstig und der Kapitän verstand sich aufs Kreuzen. Schon war man elbauf an Glückstadt vorbei, und jedermann an Bord hoffte, auf dem Rücken der Flut so gnädig als rechtzeitig in eine warme Stube unter den Lichterbaum zu gelangen.

Jedoch bei Julsand begann die Elbe Treibeis zu führen und spickte sich mehr und mehr damit, so dass es die weihnachtliche Eile des braven Seglers dämpfte. Ehe man sich's versah, kenterte nun auch der Strom und lief seewärts und brachte das Eis, das zur Flutzeit gen Hamburg getrieben war, in hellen Mengen zurück. Mit Bedauern musste der Schiffsführer sehen, wie sein gutes Schiff trotz praller Segel keinen Nagel breit mehr Fahrt voraus machte. Darum ließ er Anker werfen und die Segel festmachen, um wohl oder übel die nächste Tide abzuwarten. Denn zu der Zeit gab es noch keinen Motor. Die Mannschaft fluchte ellenlang im Hinblick darauf, den Christabend in Ungemütlichkeit und Mangel zu verbringen. Nur der Schiffsjunge blieb still, er durfte ja auch nicht fluchen und schlich, sobald es die Arbeit erlaubte, in seine Koje, sein Herz zu erleichtern, weinte und betete, es möge ihm an Weihnachtsüberraschung doch nicht gänzlich alles diesen Abend entgehen. Er war ja noch klein, und an Bord gab es nur Erbsmus, Hartbrot und Plörtee, und selbst das ging auf die Neige.

Als nun die Gäste misslaunig ins Logis polterten, eine Tranfunzel entzündeten und auch ihre Brösel, um sich mit Tabakswolken und Kartenspiel über den Heiligen Abend hinwegzusetzen, da drückte sich der kleine Schiffsjunge wieder an Deck. Es war schon dämmernd und leicht diesig dazu. Man konnte kein Ufer erkennen, kein Feuer und keinen Stern. Die treibenden Eisschollen schimmerten im dunklen Strom gleich allerhand Zuckerwerk und knufften und knisterten am Schiffsrumpf; das Wasser schmatzte und gluckste, und der Wind spielte auf der Takelung. Das deuchte dem Jungen heute eine sonderbare Musik, so, als stehe er neben der Orgel zu St. Georg, wenn sie leise spielt, und er sei Chorjunge wie noch vorm Jahr und bei der Weihnachtsandacht dort.

Auf einmal erblickte er ein Licht mitten im Strom, und da die Ankerwache es nicht aussang, sang er es aus, wie es Pflicht ist, und es kam seinem Herzen gerade zupass, es aus voller Kehle auszusingen, grad, als wollte er einen Choral abheben; Licht über Backbord!

Kapitän und Steuermann trampten von achtern, die Matrosen von vorn herbei, das Licht in Augenschein zu nehmen, und nach einer Weile erkannte es jeder und dachte erfreut, welch Trost, dass es noch andre Leute gibt, die Pech haben! Hielten sie doch das Licht für die Ankerlampe eines anderen Schiffs. Das Licht lag aber nicht still, sondern schwebte in schnurgeradem Kurs auf sie zu. Das war, wenn man Strom und Wind bedachte, ein höchst merkwürdiger Umstand. Der Kapitän machte jedoch bald durchs Fernrohr aus, dass es gar kein Schiff sei, sondern eine andere Person. Und fügte nach kurzer Zeit hinzu: Ein Kerl, der wahnsinnig sein müsse, so im Dustern über die mürben Schollen zu laufen und zu riskieren, Weihnachten als Wasserleiche zu feiern. Und er ließ das Boot klarmachen, um dem Manne Hilfe zu leisten. Indes kam der näher, ohne unterzusinken, und jeder konnte ihn jetzt mit bloßem Auge wahrnehmen. Er ging über die schwimmenden Eisschollen wie auf ebener Tenne, und ehe man das Boot ausgeschwungen hatte, war er heran. Die Matrosen warfen die Jakobsleiter über die Reling, ganz vergnügt wegen der Abwechslung, obschon einer brummte, ein junges Mädchen wäre ihm lieber als dieser Greis. In der Tat, der Schollenwandler erwies sich als ein alter Mann, weißhaarig, vollbärtig. Er trug seine Mütze in der Hand, und sie schien gefüllt von Glitzerndem. In der anderen Hand hatte er einen Knotenstock, vor der Brust baumelte ihm eine Stall-Laterne und auf dem Rücken hing ihm dick ein Felleisen*. Aber ungeachtet seiner Last und Jahre enterte er behänd

* Lederner Rucksack.

an Bord. Die Mannschaft rief Hurra, und der Kapitän stellte ihn zur Rede.

Der alte Mann antwortete freundlich: »Ich bin Knecht im Schulauhafen, und mein Name ist Niklas. Ich sollte euch nur ein bisschen bringen von dem, was sich gehört am Heiligabend, denn mein Herr sah, ihr würdet hier sitzen bis Mitternacht, eh euch die Flut weiterschiebt.«

Damit reichte er seine Mütze dem Koch. Es seien Fische darin, die hätte er unterwegs gefangen. Der Koch gab die Mütze ein wenig geringschätzig dem Jungen; drei arme Plietfische*, die würden wohl knapp für den Kapitän allein reichen. Der Junge trug sie in die Kombüse. Die Mütze dünkte ihm ungebührlich schwer, und als er die Fische herausnahm, wuchsen sie ihm in der Hand und waren so fett und glatt und groß, dass es eine Lust war, glänzten auch goldig, obwohl die gewöhnliche Färbung der Plieten silbrig ist.

Als der kleine Schiffsjunge sich genügsam gewundert hatte, flutschte er zurück an die Schanze, wo der Schulauer Knecht sein Felleisen auspackte. Da kamen rotbäckige Äpfel zum Vorschein und Helgoländer Pfeffernüsse und ein Schaftstiefel großer Wedeler Rosinenstuten sowie eine grobe

* Holsteinisch Pliete, Plietfisch, eine Art kleiner Plattfisch, den nur »einfache Leute« essen. Hochdt. Plötze.

Bauernmettwurst von Armeslänge und auch ein vernünftiges Stück buttergelben Wilster Marschenkäses und zum Schluss ein Bund Wewelsflether Störkringel im Umfang eines doppelten Patronengurtes.

»Fehlt bloß noch 'n tüchtigen Grog!«, grunzte zufrieden und naseweis ein Leichtmatrose. Knecht Niklas nickte gefällig zu dieser Ausverschämtheit und sagte: »Im Laderaum geht's tipp und tapp.«

Das erboste den Kapitän. Seine Fässer seien in Ordnung und tadellos getrimmt und gehörten dem Reeder, da sei nichts zu wollen, knurrte er. Der alte Knecht ließ sich aber nicht beirren, sondern fuhr zur Genugtuung der Mannschaft fort: »Leckes Fass macht die Gurgel nass.« Da schickte denn der Kapitän den Steuermann mit Schlüssel und Windlicht nach unten, und tatsächlich, es stellte sich heraus, dass ein Fass richtig Leck gesprungen war, worauf der Schiffsführer im Hinblick auf die Versicherung von seinem Recht Gebrauch machte, und es freigab. Jeder sputete sich nun, mit Eimer, Topf, Schüssel, Kanne oder Becher seinen Anteil zu erwischen. Um den guten Knecht Niklas, dessen Gaben man rasch ins Logis gestaut hatte, kümmerte sich keine Wimper mehr. Nur dem kleinen Schiffsjungen, der sich sowieso an der Rumquelle nicht beteiligen durfte, fiel es nach einer Weile ein, sich bedanken zu wollen.

Da war aber der alte Mann schon von Bord. Ganz klein sah man fern seine Stall-Laterne, und sie schien zu schweben und sich zu heben und leuchtete wie ein Stern in der Düsternis.

In dieser Nacht ging es munter her auf dem ankernden Schoner, der übrigens den Namen HOFFNUNG führte. Der Koch staunte nicht schlecht, als er die Fische wiedersah, und schlug vor, sie lieber an einen Goldschmied zu verkaufen. Aber jedermann war nunmehr lecker auf Fisch, und als Smutje ein weiteres Glas getrunken hatte, warf er die Goldplieten einen nach dem anderen in die Pfanne, wo sie brieten und brutzelten wie andere auch, und danach trefflich schmeckten und üppig für alle reichten von der Hütte bis zur Back und auch für den Schiffskater. Da auch gedachte man des netten Knechtes Niklas und stieß voll an auf seine milde Hand und seinen Wagemut. Und während Harm Püsel die Handharmonika spielte und viele ein Weihnachtslied sangen und Gottlieb Timmer ein Weihnachtsgedicht aufsagte, als sei er ein Kind, da verschwor sich einer, was andere könnten, könne er auch, kletterte über Bord und wollte zu Fuß nach Haus, lag aber bald platsch bis zum Halse drin, schrie um Hilfe und kriegte mit Mühe ein Tau zu fassen. Da erst gingen manchem die Augen auf über das Wunder, das geschehen war.

Quellen

Cordes, Johann Jacob: Gesche von Husen. In: Altes Land – alte Kultur; R. Stelzer, Stade, 1966; mit freundlicher Genehmigung von Herrn Gerhard Cordes, Meppen

Fischer, Fritz: Suur Supp; Pröpper, HH, 1938; sowie: Der Zwetschenpfannkuchen, Der Deich, Vom eisernen Knopf, Starenkönig, hilf!, Von der klugen Maus. In: Allgemeiner Haushaltungs-Kalender, Zeitungsverlag Krause KG, Stade, 1978 + 1979

Fock, Gustav (Hg): 900 Jahre Neuenfelde; Heimberg, Stade, 1959; mit freundlicher Genehmigung von Herrn Peter Quast, 900 Jahre Neuenfelde e.V.; daraus: Bauer, Wilhelm: Mieken Borchers Fock, Gustav: Jan Fudderich Mohr, Wilhelm: Der Wolf von Francop und Der Junker ruft

Heinrich, Antje: Gesche Pondorf. In: Das Fährhaus Kirschenland in Wisch; Pusch, Buxtehude, 2001; mit freundlicher Genehmigung von Frau Antje Heinrich

Helbron, Hans: Märchen aus dem Alten Land. In: Der goldene Baum; Hauschildt, Bremen,

1982 mit freundlicher Genehmigung von Michael Helbron, Bremen

Kinau, Johann (Gorch Fock): Der Junker ruft. In: Mackensen, Lutz: Niedersächsische Sagen, Hannover-Oldenburg, 1925; mit freundlicher Genehmigung von Helmut Vick, Heimatvereinigung Finkenwerder e. V., Gorch-Fock-Haus

Köster, Klaus: Altländer Skizzen; Krause Verlag, Stade, 1925 und Altländer Sparkasse, Jork, 1994; mit freundlicher Genehmigung von Herrn Wolfgang Stephan, Zeitungsverlag Krause, Stade

Leip, Hans: Knecht Niklas übers Wasser ging. In: Weihnachtsgeschichten für Millionen, Gütersloher Verlagshaus, 2006, ISBN 13:978-3-579-07207-4. Mit freundlicher Genehmigung von Herrn Klaus Albers, Hans-Leip-Gesellschaft, Hamburg

Marquardt, Wilhelm: Der unterirdische Gang bei der Esteburg. In: Sagen, Märchen und Geschichten des Kreises Harburg, Bd. 2; Knauel, Buchholz/Nordheide, 1963; mit freundlicher Genehmigung von Herrn Walter Marquardt, Immenbeck

Osse-Gosch, Alice: Altländer Geschichten, Twielenfleth, 1961; mit freundlicher Genehmigung von Herrn Dr. Hans-Eckhard

Dannenberg, Stader Geschichts- und Heimatverein
Jank, Martin: Hinrich Meier, König von Tonga. In: Buxtehude – Altes Land; Hans Christians Verlag, Hamburg, 1983. König Georg I. der Tonga-Inseln. In: Verein zur Erhaltung und Förderung Altländer Kultur e. V. Jork, 750 Jahre Jork-Borstel; In: verschiedenen Aufsätzen aus der Akte Stadtarchiv Buxtehude, Nachlass 1 Martin Jank Nr. 307, mit freundlicher Genehmigung von Frau Eva Drechsler, Stadtarchiv Buxtehude. (Zusammengefasst, gekürzt und nacherzählt)
Wohltmann, Hans: Der Wolf von Francop und Der Junker ruft. In: Sagen aus dem Lande zwischen Niederelbe und Niederweser, 2 Bände; Stader Geschichts- und Heimatverein, 1959 + 1963; mit freundlicher Genehmigung von Herrn Dr. Hans-Eckhard Dannenberg, Stader Geschichts- und Heimatverein

Dank

Mein Dank gebührt allen, die großzügig ihre Einwilligung zum Abdruck der Geschichten gegeben haben: Herrn Klaus Albers, Hans-Leip-Gesellschaft, Hamburg; Herrn Gerhard Cordes, Meppen; Herrn Dr. Hans-Eckhard Dannenberg, Stader Geschichts- und Heimatverein e.V.; Frau Eva Drechsler, Stadtarchiv Buxtehude; Frau Antje Heinrich, Moorende; Herrn Michael Helbron, Bremen; Herrn Walter Marquardt, Immenbeck, Herrn Peter Quast, Verein 900 Jahre Neuenfelde e.V.; Herrn Wolfgang Stephan, Zeitungsverlag Krause, Stade; Herrn Helmut Vick, Gorch Fock Haus, Finkenwerder. Herrn Claus Ropers, Steinkirchen und Herrn Robert Gahde vom Niedersächsischen Landesarchiv in Stade danke ich für wertvolle Hinweise und nicht zuletzt der Edition Falkenberg für die Anregung zu dieser Sammlung.

In dieser Reihe sind erschienen

Wilko Jäger

Sagen und Geschichten aus dem Teufelsmoor, Bd. 1 + 2

je 112 S., je 12,90 Euro
ISBN 978-3-95494-256-5
ISBN 978-3-95494-257-2

»Die vorliegenden Sagen und Geschichten aus alter Zeit basieren zum Teil auf mündlichen Überlieferungen, finden sich aber auch in heimatkundlichem Schriftgut wieder.

Über mehrere Jahre trug ich sie zusammen, verfasste und ergänzte die Sagen und Geschichten in meinem eigenen Schreibstil neu, hoffentlich entsprechend anregend und unterhaltsam. Sagen sind ortsgebunden und damit ein geheimnisvoller Schlüsssel zum Zugang in die Heimatgeschichte.«

Almuth Quehl

Sagen und Geschichten aus dem Landkreis Rotenburg/Wümme

112 S., 12,90 Euro
ISBN 978-3-95494-197-1

»Lesenswert ist dieses Buch, denn es gibt einen nachhaltigen Einblick in das Leben auf dem Lande in früheren Zeiten und zeigt, warum es in unserer Region immer noch so lebenswert ist.«

Udo Fischer
Geschäftsführer des Touristikverbandes Landkreis Rotenburg (Wümme) e.V.

Heike Bloom
Karin Sohnemann

Sagen und Geschichten aus der Lüneburger Heide

128 S., 14,90 Euro
ISBN 978-3-95494-254-1

Die Autorinnen haben aus allen Teilen der Lüneburger Heide Sagen und Geschichten gesammelt, die in diesem Buch neu erzählt werden.

»Ein kurzweiliges Buch mit Kurzgeschichten, wie man sie heute auch wieder für Besonderheiten in der Heide neu entdeckt hat. Geschichten, die die Fantasie der Leser beflügelt.«

Mathias Zimmermann
(Geschäftsführer VNP)

Ortsregister

A
Agathenburg 107, 109
Altona 83

B
Bergfried 50, 62
Blankenese 88
Bliedersdorf 86
Borstel 113
Buxtehude 26, 37, 106

E
Elbe 18, 21, 81f., 87, 107, 115, 117
Estebrügge 106

F
Finkenwerder 66f.
Fischbek 18
Francop 15, 17

G
Glückstadt 116
Guderhandviertel 108
Gut Brook 22
Gut Francop 15, 17

H
Hamburg 23f., 43, 65f., 81
Hollern 22
Huttfleth 59

J
Jork 23
Julsand 115

L
Lühe 92, 98, 107
Lühesand 81

M
Mojenhörn 63, 65
Moorburg 20

N
Neuenfelde 66
Neuenschleuse 112

S
Schulau 82, 120
Stade 22, 59, 62
Steinkirchen 29, 50f., 53, 109

T
Tonga 112, 114
Twielenfleth 13, 22f., 86f., 115

W
Wedel 88
Wettern 31
Wetterndorf 70
Wewelsfleth 116
Wisch 84